Unternehmensentwicklung und Matrixorganisation

Europäische Hochschulschriften

Publications Universitaires Européennes
European University Studies

Reihe V

Volks- und Betriebswirtschaft

Série V   Series V

Sciences économiques, gestion d'entreprise
Economics and Management

Bd./Vol. 792

PETER LANG
Frankfurt am Main · Bern · New York · Paris

Wolfgang Zimmermann

Unternehmensentwicklung und Matrixorganisation

PETER LANG
Frankfurt am Main · Bern · New York · Paris

CIP-Kurztitelaufnahme der Deutschen Bibliothek

Zimmermann, Wolfgang:

Unternehmensentwicklung und Matrixorganisation / Wolfgang Zimmermann. – Frankfurt am Main ; Bern ; New York ; Paris : Lang, 1987.
(Europäische Hochschulschriften : Reihe 5, Volks- und Betriebswirtschaft ; Bd. 792)
ISBN 3-8204-9869-9
NE: Europäische Hochschulschriften / 05

ISSN 0531-7339
ISBN 3-8204-9869-9

Druck und Bindung: Weihert-Druck GmbH, Darmstadt

VORWORT

Die vorliegende Arbeit wurde unter dem Titel "Die Absicherung und Verbesserung des Corporate Development in Unternehmungen mit Matrixorganisation durch einen Zentralbereich Unternehmensentwicklung" vom Fachbereich Wirtschaftswissenschaften der Johann Wolfgang Goethe-Universität in Frankfurt am Main im Juni 1986 als Dissertation angenommen.

Die Dissertation wurde nach über zwanzigjähriger Ferne von Wissenschaft und Lehre und neben der beruflichen Tätigkeit erarbeitet. Ich bin daher meinem Doktorvater, Herrn Professor Dr. Hartmut Kreikebaum in vielerlei Hinsicht zu großem Dank verpflichtet: für seine Bereitschaft, einen "Praktiker" anzunehmen; für seine insoweit vielfältigen fachlich und menschlich begleitenden Anregungen und nicht zuletzt für seine große zeitliche Geduld.
Außerdem danke ich Herrn Professor Dr. Wolfgang Müller für die Übernahme des Zweitgutachtens.

Wolfgang Zimmermann

Inhaltsverzeichnis

Seite

Seite

Seite

Seite

Vierter Teil

Seite

VERZEICHNIS DER ABBILDUNGEN

VERZEICHNIS DER TABELLEN

VERZEICHNIS DER ABKÜRZUNGEN

AktG	Aktiengesetz
BdW	Blick durch die Wirtschaft
FAZ	Frankfurter Allgemeine Zeitung
CAE	Computer Aided Engineering
CIM	Computer Integrated Manufacturing
RKW	Rationalisierungskuratorium der Deutschen Wirtschaft
VDI	Verband Deutscher Ingenieure
ZfB	Zeitschrift für Betriebswirtschaft
zfbf	Zeitschrift für betriebswirtschaftliche Forschung
zfo	Zeitschrift für Organisation
ZwF	Zeitschrift für wirtschaftliche Fertigung

EINLEITUNG

A. Problemstellung und Zielsetzung

Zur Mitte der achtziger Jahre wird nach den makroökonomischen und den anschliessenden mikroökonomischen Verwerfungen der siebziger Jahre keine Unternehmung mehr behaupten können, von den Notwendigkeiten und Chancen strategischer Unternehmensplanung,[1] von den stabilisierenden Möglichkeiten neuer strukturorganisatorischer Lösungen,[2] von Diversifikation oder Gemeinkostenwertanalyse noch nicht gehört zu haben.

Viele, wenn auch absolut gesehen noch viel zu wenige[3] Unternehmungen haben auf die aus den Verwerfungen resultierenden Anforderungen reagiert. Dabei lassen sich zwei Anpassungsstufen unterscheiden. Vielfach wurden die Langfristplanung oder die Anwendung einer bestimmten Planungsmethode bereits mit strategischer Planung gleichgesetzt.[4] Oft genug griff man zunächst zu Globallösungen wie der totalen Divisionalisierung. Man betrieb Gemeinkostenwertanalyse zunächst ohne Rücksicht auf - oder ohne Wissen um - die Gefahr eines Raubbaues an den Human Ressourcen. Inzwischen wurde die Notwendigkeit erkannt, schnellstens hinzuzulernen. Das wiederum ist die Voraussetzung, um nun zukünftig schwerwiegende (methodische) Fehler auszuschliessen. Vor allem aber hat das Verständnis dafür zugenommen, daß unternehmensindividuelle Lösungen gefunden werden müssen.

Dennoch bleiben vielfach trotz einer inzwischen mehr oder weniger abgesicherten Anwendung verschiedenster Instrumente und

---

1) Vgl. KREIKEBAUM/SUFFEL 1980; vgl. auch KIRSCH/HÖFNER 1983.

2) Vgl. z.B. LAUKAMM/STEINTHAL 1985, S. 7.

3) Vgl. KIRSCH/HÖFNER 1983.

4) Vgl. KREIKEBAUM/SUFFEL 1980, S. 4-5.

Entscheidungshilfen[1] sowie einer zutreffenden und gleichermaßen unternehmensindividuell ausgestalteten strategischen Unternehmensplanung einschließlich konsistenter Aufbauorganisation[2] die Ergebnisse hinter den Planungen zurück. Das Corporate Development[3] der Unternehmung läßt dann mit anderen Worten ein Defizit erkennen. Nach Auffassung des Verfassers sind solche Defizite oftmals darauf zurückzuführen, daß entweder die für ein abgesichertes Corporate Development wesentlichen vorgenannten Voraussetzungen doch noch nicht ausreichend ausgestaltet sind oder nicht dynamisch und situationsgerecht weiterentwickelt wurden. Die vorliegende Arbeit soll dazu beitragen, solche unternehmensindividuellen Defizite beispielhaft aufzuzeigen und ihren Ursachen nachzugehen sowie Möglichkeiten zu erarbeiten, sie abzubauen.

Eine sogar lebensbedrohende Situation kann für die Unternehmung entstehen, wenn ohne nähere Ursachenanalyse durchaus als richtig erkannten Methoden, Wegen und Lösungen wieder das Vertrauen entzogen und damit die eigene, in der Vergangenheit überzeugt getroffene unternehmerische Entscheidung revidiert wird.[4] Ebenso verhängnisvoll wäre es, das Defizit an Corporate Development als das Ergebnis der den Methoden, Wegen und Lösungen immanenten Schwachstellen, die immer gegeben sind, zu erklären und weiter damit leben zu wollen, indem permanent kurzfristig und heftig gegenreagiert wird. Ein "Puller" bleibt bei einem solchen Verhalten zwar augenscheinlich auf Zielkurs. Der übermässige und vorzeitige Kräfteverschleiß läßt ihn aber nicht mit Sicherheit das Ufer erreichen.

Nicht weniger riskant wäre es, in einen neuen Aktionismus zu flüchten und beispielsweise Vorstandsmitglieder oder Geschäfts-

---

1) Vgl. KREIKEBAUM 1981, S. 48-82.

2) Ebenda, S. 83-106.

3) Vgl. zum Begriff S. 23-27.

4) Vgl. zum Thema möglicher Fehlerquellen BLEICHER 1983 a.

führer für Unternehmensentwicklung zu berufen.[1] Schon einmal wurden viele Hoffnungen enttäuscht, als Unternehmungen mit der Adaption des Konzeptes der Divisionalisierung einem fast schon modischen Trend folgten, ohne verbindlich zu wissen, ob die Unternehmung auch divisionalisierungsfähig war. Mit der Einrichtung eines Vorstandsgeschäftsbereiches Unternehmensentwicklung kann die gültige Strukturorganisation in ihrer Funktionalität einerseits und ihrer Robustheit andererseits empfindlich gestört werden.

Es ist dagegen für den "Puller" wie auch für die Unternehmung sicherer, gegebenenfalls die Fahrtroute vorübergehend zu ändern oder die Ausrüstung zu modifizieren, da sich die Bedingungen geändert haben können und Abweichungen eingetreten sind, auf die ursachengerecht reagiert werden muß. Ungünstige Wetterlagen haben in der Regel ihre Vorboten. Die für eine Unternehmung bedeutsamen Entwicklungen oder Umstände kündigen sich in der Regel durch Signale an. Wenn sie erfaßt und zutreffend beurteilt werden, gewinnt die Unternehmung Zeit für die Formulierung von Reaktionsstrategien.[2] Frühaufklärung wird dann immer wichtiger und kann zu einem entscheidenden Faktor im Wettbewerb werden.[3] Voraussetzung ist allerdings, daß "für das Umfeld der Unternehmung ein Radarsystem eingerichtet ist".[4] Die Reaktionen der Unternehmung können vielfältig und vielschichtig sein. Sie können von Korrekturmaßnahmen innerhalb der gültigen Strukturorganisation bis zur intensivierten oder auch erstmaligen Behandlung spezifischer Erfolgsfaktoren reichen. Die Reaktionen können in einem strategischen Management der Synergienutzung bestehen, das bisher nicht oder nur unzureichend wahrgenommen wurde. Sie können bis zu der Entscheidung reichen, den Flankenschutz eines zielkongruenten Corporate Development da-

---

1) Vgl. S. 101-103.

2) Vgl. z.B. HINTERHUBER/HAMMER 1985.

3) Ebenda.

4) KRAMPE/REINHARDT 1983.

durch sicherzustellen, daß im Vorstand oder in der Geschäftsführung einer Unternehmung ein Zentralbereich Unternehmensentwicklung eingerichtet wird. Hierfür die Voraussetzungen aufzuzeigen, ist das Anliegen dieser Arbeit.

Entscheidend für die Unternehmensleitung ist, sich über das Defizit an Corporate Development als Ergebnis von Beeinträchtigungen durch Abweichungen zunächst nach Art und Umfang objektiv zu vergewissern. Darüber hinaus muß auch psychologisch verarbeitet werden, daß es sich dabei tatsächlich um ein Defizit handelt und zwar unabhängig davon, ob die das Defizit verursachenden Abweichungen[1] von den Mitgliedern des Systems Unternehmung[2] zu beeinflussen gewesen wären oder nicht. Beides klingt wie eine rhetorische Bemerkung. Aber nicht nur in der Medizin wird oft aus Eile schon therapiert oder die Therapie gewechselt, bevor ausreichend diagnostiziert wurde, d.h. Ursache und Symptom sauber auseinander gehalten wurden. Kritische Wachstumsschwellen sind ein durchaus natürlicher Vorgang im Leben einer Unternehmung. Sie werden erst dann zur Barriere oder zum Stolperstein, wenn sie weder rechtzeitig erkannt noch richtig beurteilt werden.[3]

In der Therapie mag es unterschiedliche Auffassungen geben. Ein Dissenz kann durchaus konstruktive Wirkung haben und zu neuen Ufern führen. In der Diagnose allerdings muß Einhelligkeit bestehen. Das ist eine Forderung, die auch der Aktionär einer Aktiengesellschaft zu Recht erheben kann.

Die zusammenfassende Zielsetzung dieser Arbeit soll darin bestehen, im Sinne der Diagnose wie der Therapie beispielhaft Methoden, Wege und Lösungen aufzuzeigen, wie die angedeuteten Defizite stärker reduziert oder eingegrenzt werden können, da-

---

1) Vgl. S. 43-52.

2) Zum Begriff der Unternehmung als System vgl. S. 23.

3) Vgl. WIESELHUBER 1985, S. 5.

mit das von der Unternehmung angestrebte Corporate Development zukünftig abgesicherter ist als bisher. Eine so unternehmensindividuell abgesicherte Plattform ist auch die Voraussetzung für eine zusätzliche Verbesserung des Corporate Development.

B. Begriffliche Grundlagen zu Unternehmensentwicklung und Corporate Development

Mit dem Begriff Unternehmensentwicklung sind zunächst bestimmte Beziehungsstrukturen angesprochen, aus denen heraus sich (Ver-) Änderungen inhaltlicher Art im Zeitablauf ergeben. Das System Unternehmung wird als offenes System bezeichnet, da es in Austauschbeziehungen mit der Umwelt steht.[1] Diese Umwelt ist dynamisch. Die Austauschbeziehungen bewirken daher in der Unternehmung zwangsläufig Änderungen ihrer Beschaffenheit im Zeitablauf.[2] Das System Unternehmung ist somit dynamisch zu betrachten, d.h. die Konsequenzen aufgrund eines sich verändernden Kontextes sind für die Unternehmung zu analysieren.[3]

Der Begriff der Unternehmensentwicklung setzt also an den Potentialen der Unternehmung an. Ihre Größenveränderungen im Zeitablauf sollen ausgedrückt werden.[4] Aus Zweckmäßigkeitsgründen wird unter Unternehmensentwicklung im folgenden jede Veränderung im Bestand der Potentiale im Zeitablauf verstanden.[5]

Abbildung 1 soll aus der Sicht des Verfassers den Gesamtzusammenhang des Themas aufzeigen. Die Unternehmung richtet sich als gleichermaßen offenes und dynamisch zu verstehendes System auf die Beziehungen mit dem System Umwelt ein. Beide Systeme sind "fortlaufend zu harmonisieren, d.h. in ein Fließgleichgewicht

---

1) Vgl. BLEICHER 1979, S. 8.

2) Ebenda, S. 29.

3) Ebenda.

4) Vgl. BLEICHER 1979, S. 37.

5) Ebenda und S. 38.

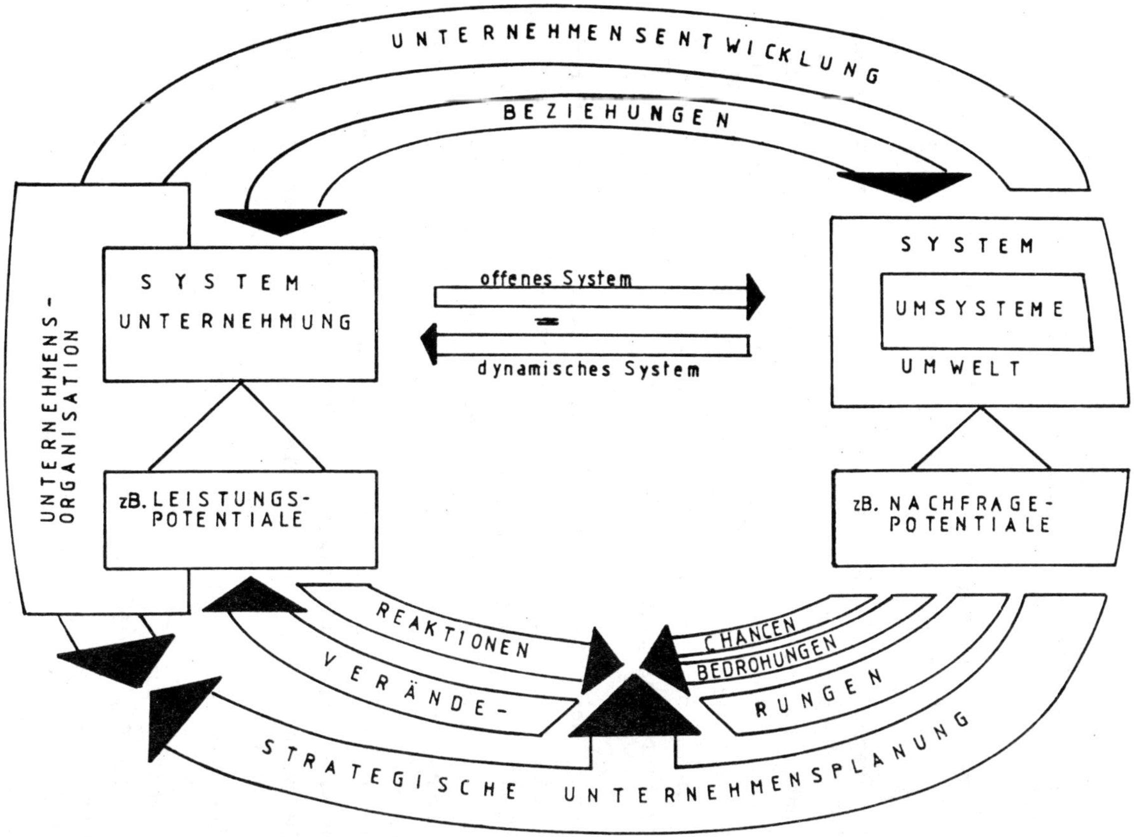

ABB. 1: DIE UNTERNEHMENSENTWICKLUNG ALS AUSDRUCK DER BEZIEHUNGEN ZWISCHEN SYSTEMEN UND VON VERÄNDERUNGEN INFOLGE DIESER BEZIEHUNGEN

zu bringen".[1] Diese Aufgabe ist auf Seiten der Unternehmung Gegenstand der strategischen Unternehmensplanung. Aus ihr resultiert, daß die Unternehmung auch eine sachgerechte Unternehmensorganisation ausgestaltet. Das vorteilhafte oder nicht vorteilhafte Ergebnis dieser Beziehungen bzw. das erreichte oder nicht erreichte Maß an Harmonisation[2] kommt auf Seiten der Unternehmung in der Unternehmensentwicklung zum Ausdruck. Das nicht vorteilhafte Ergebnis oder das nicht erreichte Maß an Harmonisation führt zu Defiziten an Unternehmensentwicklung.

Vom System Umwelt wirken auf die Unternehmung neben den normalen laufenden Änderungsströmen zusätzliche Einflüsse ein, der Art nach und im Zeitablauf. Diese Einflüsse können bedrohenden oder chanceneröffnenden Charakter haben. Ob die Reaktionen der Unternehmung ausreichen, um das Fließgleichgewicht zu erhalten bzw. ein neues zu erreichen, hängt zum einen von den Potentialen der Unternehmung ab, zum anderen davon, ob das praktizierte System der strategischen Unternehmensplanung eine quantitativ, qualitativ und zeitlich zutreffende Disposition der Potentiale erlaubt und die Voraussetzungen ihrer Umsetzung gegeben sind. Zu diesen Voraussetzungen zählt wesentlich die Strukturorganisation der Unternehmung. "Die Notwendigkeit und den Zeitpunkt zu erkennen, ab wann eine quantitative Veränderung der Unternehmensentwicklung eine Anpassung des Organisationsmodells erforderlich macht, ist eines der großen ungelösten Probleme einer dynamischen Organisationstheorie mit sehr großer praktischer Bedeutung".[3] Diese Schwierigkeit dürfte noch ungleich größer sein, wenn auch andere als nur quantitative Veränderungen vorliegen.

Entscheidend ist, unternehmensindividuell geeignete Lösungen zu finden, die erlauben, Bedrohungspotentiale rechtzeitig(er)

---

1) BLEICHER 1979, S. 35.

2) Zum Begriff der Harmonisation vgl. BLEICHER 1979, S. 44 ff.

3) BLEICHER 1979, S. 134.

zu erkennen und sie innerhalb des Systems der Unternehmung zu absorbieren oder sie im vorhinein abzubauen. Gleichermaßen gilt es, Chancen rechtzeitig(er) zu identifizieren und ihre Nutzung zu ermöglichen.

Die Begriffe Corporate Development und Unternehmensentwicklung werden in der Praxis häufig synonym gebraucht. Das mag zwar der Vereinfachung dienen, ist aber systematisch gesehen nicht ganz einwandfrei. Im anglo-amerikanischen Sprachgebrauch will das Wort corporate unmißverständlich zum Ausdruck bringen, daß der Verantwortungsbereich der Unternehmensspitze angesprochen ist. So ist beispielsweise corporate planning zweckmässigerweise mit strategischer Unternehmensgesamtplanung zu übersetzen.[1] Sie ist dadurch gekennzeichnet, daß sie sich sowohl auf das Unternehmen als Ganzes als auch auf die Geschäftsbereiche und Funktionen bezieht und zum Aufgaben- und Verantwortungsbereich der Unternehmensleitung zählt.[2]

Entsprechend soll der Begriff corporate development als Unternehmensgesamtentwicklung verstanden werden. Sie bezieht sich auf die Unternehmung in ihrer Gesamtheit wie auf ihre Teilbereiche und Funktionen. Die Unternehmensgesamtentwicklung liegt in der Zuständigkeit der Unternehmensleitung als Ganzes.

Damit wird auch deutlich, daß die Einrichtung eines Vorstandsgeschäftsbereiches für Unternehmensentwicklung ohne Erfolg bleiben wird, wenn ihm die Zuständigkeit für die Unternehmensentwicklung übertragen oder eine solche Verantwortung von ihm erwartet würde. Es kann sich bei jeweils gegebener Strukturorganisation nur um die Zuordnung von Aufgaben und Inhalten handeln, deren Wahrnehmung in besonderer Weise geeignet erscheint, die bestehenden oder möglicherweise zusätzlich zu erwartenden Bedrohungspotentiale abzubauen oder die gegebenen oder sich zusätzlich abzeichnenden Chancen zu nutzen und zwar günstiger als

---

1) Vgl. KREIKEBAUM 1981, S. 23.

2) Ebenda.

innerhalb bestehender strukturorganisatorischer Regelungen. Die institutionelle Bezeichnung darf lediglich benutzt werden, um die Zielrichtung deutlich zu machen. Im Rahmen dieser Arbeit werden auf der Basis des vorgenannten Verständnisses beide Begriffe synonym gebraucht.

C. Weitere begriffliche Klärungen und Abgrenzungen

Strategische Unternehmensplanung und Unternehmensentwicklung stehen - wie die obigen Ausführungen bereits gezeigt haben - in einer gegenseitigen Beziehung. Der Begriff der Unternehmensentwicklung bringt die Größenveränderungen der Potentiale zum Ausdruck. Die strategische Planung hat die Aufgabe, langfristige (Erfolgs-) Potentiale zu schaffen und zu erhalten.[1] Um dies zu erreichen, muß die strategische Planung als ein Prozeß gestaltet werden, in dem eine durch Instrumente und Entscheidungshilfen gestützte rationale Analyse der gegenwärtigen Situation und der zukünftigen Möglichkeiten und Gefahren zur Formulierung von Absichten, Strategien, Maßnahmen und Zielen führt.[2]

Strategische Planung allein verändert noch nichts. Sie ist der Rahmen für eine Veränderung des unternehmerischen Verhaltens. Um wirksam zu sein, muß strategische Planung auch die Verwirklichung der Strategien nach sich ziehen. Strategische Planung und Unternehmensentwicklung bleiben Worthülsen, wenn das Beziehungsverhältnis nicht durchgängig gehalten wird. Wenn in dieser Arbeit von Unternehmensentwicklung bzw. von Corporate Development die Rede ist, wird immer eine insoweit eindeutige unternehmensstrategische Ausgangssituation unterstellt.[3]

Auch das Verhältnis der Begriffe Controlling und Unternehmensentwicklung zueinander ist abzuklären. Beide Begriffe haben zu-

---

1) Vgl. GÄLWEILER 1974, S. 135.

2) Vgl. KREIKEBAUM 1981, S. 23.

3) Vgl. S. 33-40.

nächst den gleichen Bezugspunkt. Sie setzen eine Unternehmensplanung voraus. Mit Bezug auf die Unternehmensplanung ist Controlling dann eine Art betriebswirtschaftlicher Lotsendienst.[1] Das Controlling muß Signale geben, wo die Gefahr des falschen Kurses besteht und das betriebswirtschaftliche Gleichgewicht verlassen wird.[2] Controlling ist also eines der (Führungs-) Instrumente, um zielkongruentes Corporate Development zu erreichen.

Dem heute üblicherweise praktizierten operativen Controlling wird zunehmend der Begriff des strategischen Controlling gegenübergestellt. Dieses befaßt sich nicht mehr nur mit Zahlen im Sinne der Gewinnsteuerung, sondern "greift im Hinblick auf die Existenzsicherung vor die Zahlen und versucht, die Einflußfaktoren zu steuern, die sich später in Zahlen als Auswirkungen niederschlagen und messen lassen".[3] Mit einem so verstandenen Controlling lassen sich zum Begriff der Unternehmensentwicklung eher Beziehungen herstellen. Zwar wäre auch strategisches Controlling in erster Linie Lotsendienst. Aber wie sich strategische Planung und Unternehmensentwicklung mit den Potentialen der Unternehmung befassen, so gilt das letztlich auch für das strategische Controlling.

Während die strukturorganisatorische Institutionalisierung des (operativen) Controlling heute kein Problem mehr darstellt - in der Regel als eigenständiger Vorstandsgeschäftsbereich - ergeben sich für die Institutionalisierung eines strategischen Controlling, wenn sie beabsichtigt ist, sicherlich Probleme. Es sind letztlich die gleichen Fragen, wie sie sich in dieser Arbeit im Zusammenhang mit der Frage eines Zentralbereiches Unternehmensentwicklung stellen.

---

1) Vgl. HUCH 1983.

2) Ebenda.

3) MANN 1985.

Das Thema der Arbeit bezieht sich auf eine matrixorganisierte Unternehmung. Das Matrixmodell sieht eine simultane Integration nach zwei Zentralisationskriterien vor.[1] Üblicherweise werden Objekt- und Verrichtungsgesichtspunkte berücksichtigt. "Bei globaler Betrachtung bestimmen die objektorientierten Zentralbereiche das "Was" und "Wann", die verrichtungsorientierten das "Wer" und das "Wie" der multipersonalen Problemlösung".[2]

Neben den verschiedenen sachgerechten Ausgestaltungen divisionaler Strukturorganisation findet die Matrixorganisation zunehmend Anwendung. Unternehmungen, die vor Jahren - gleich einem Modetrend - in die teilweise totale Divisionalisierung gingen, ohne die Strukturorganisation als Gegenstand des Systems der strategischen Unternehmensplanung abgeleitet zu haben ("structure follows strategy"[3]), bilden sich in Richtung des Matrixmodells oder bestimmter Ausgestaltungen dieses Strukturkonzeptes zurück. Unternehmungen, die jetzt zu strategischen Planungen übergehen und unter Beachtung des Chandler'schen Grundsatzes die Option sowohl auf die divisionale als auch auf eine Matrixorganisation hätten, entscheiden sich zunehmend für die Matrixorganisation. Hierfür kann es verschiedene Gründe geben.

Mit jeder strukturorganisatorischen Entscheidung ist zunächst das Phänomen eines positiven Anpassungsüberschusses verbunden, d.h. eine Art Überbevorratung an Organisationsstruktur.[4] Diese Überbevorratung ist solange unerheblich, wie die Ressourcen der Unternehmung nicht zu knapp und die Perspektiven für die weitere Unternehmensentwicklung günstig sind, in absehbarer Zeit den organisatorischen Überschuß aufzufüllen. Beide Bedingungen sind für die Unternehmungen zur Zeit im allgemeinen nicht gegeben. Die Entscheidung für eine Matrixorganisation

---

1) Vgl. BLEICHER 1979, S. 98.

2) BLEICHER 1979, S. 98-99.

3) CHANDLER 1962.

4) Vgl. BLEICHER 1979, S. 60.

hätte zunächst den Vorteil, daß bei entsprechenden Voraussetzungen der Schritt in die Divisionalisierung jederzeit nachgeholt werden könnte. Der Weg umgekehrt dürfte ungleich schwieriger sein.

Der wahrscheinlich entscheidende Grund für die Zunahme mehrdimensionaler Organisationsmodelle ist die Tatsache, daß sie "unter komplexen und varianten Kontextbedingungen ihr hohes Integrationspotential so entfalten können, daß ihr im Vergleich hoher Investitionsbedarf und die mit ihnen verbundenen relativ hohen laufenden Kosten durch entsprechende höherwertigere Problemlösungen überkompensiert werden."[1] Sie sind in der Lage, zum einen ein hohes Maß an Diversität und Veränderungsraten auszugleichen, ohne gleich den Bestand des Gesamtsystems zu gefährden und zum anderen eine hohe Rationalität beizubehalten.[2]

Wenn die Einrichtung eines Zentralbereiches Unternehmensentwicklung ein Weg wäre, erschwerten Kontextbedingungen noch erfolgreicher zu begegnen als es das mehrdimensionale Organisationsmodell schon anbietet, so sollte der Schluß erlaubt sein, daß ein solcher Zentralbereich entweder in den organisatorischen Überschuß noch integrierbar ist oder zumindest den Bestand des Gesamtsystems nicht in Frage stellt. Die Voraussetzungen hierfür zu bestimmen ist von großer praktischer Bedeutung, wenn "steigende Diversität und Veränderungsrate der Umsystemeinflüsse und Systemzwecke für die Zukunft eine vermehrte Anwendung mehrdimensionaler Organisationsmodelle voraussagen lassen".[3]

---

1) BLEICHER 1979, S. 101.
2) Ebenda.
3) Ebenda.

D. Gang der Untersuchung

Wenn Unternehmungen, die eine Matrixorganisation haben, ein Defizit an Unternehmensentwicklung abbauen wollen bzw. nach Möglichkeiten suchen, die weitere Unternehmensentwicklung verstärkt abzusichern oder sogar zusätzlich zu beschleunigen, so würden sich nach den obigen Ausführungen nur zwei grundsätzliche Richtungen ergeben. Entweder sind die Voraussetzungen eingetreten, die nunmehr eine völlige Divisionalisierung rechtfertigen oder der Ansatzpunkt muß innerhalb der Matrixorganisation gesucht werden, ohne sie selbst in Frage zu stellen.

Die zentrale Problemstellung dieser Arbeit lautet daher, wie eine Absicherung und Verbesserung des Corporate Development in Unternehmungen mit Matrixorganisation überhaupt und im besonderen durch einen Zentralbereich Unternehmensentwicklung erreicht werden kann. Daraus ergibt sich die nachstehend beschriebene Vorgehensweise.

Im Verständnis der bisherigen Ausführungen können sich die Untersuchungen dieser Arbeit nur auf eine idealtypische Unternehmung beziehen, d.h. auf eine Unternehmung, die über ein System der strategischen Unternehmensplanung mit den dazu gehörenden Inhalten und Elementen bereits verfügt. Die Untersuchungen dieser Arbeit halten zugleich auch Bezug zu einer konkreten Unternehmung der Maschinenbauindustrie. Sie hat eine Matrixorganisation und eine strategische Planung. Daher soll kurz - sozusagen idealtypisch - die Ausgangssituation dieser konkreten Unternehmung angesprochen werden.

Wenn Defizite an Unternehmensentwicklung das Ergebnis von Beeinträchtigungen aufgrund von Abweichungen sind, soll anschliessend dargestellt werden, welcher Art Abweichungen sein können und welche Gründe es dafür im Interesse zutreffender Diagnose gibt. Im zweiten und dritten Teil dieser Arbeit geht es dann um die Darstellung therapeutischer Maßnahmen. Diese können entweder ohne Einrichtung eines Zentralbereiches Unternehmensentwicklung durchgeführt werden oder sie rechtfertigen einen solchen Zentralbereich bzw. sie kommen durch seine Einrichtung in besonders vorteilhafter Weise zum Tragen.

Im vierten Teil werden die Chancen und Grenzen eines Zentralbereiches Unternehmensentwicklung untersucht. Die Überlegungen beziehen mit ein, ob ein solcher Zentralbereich nicht letztlich als ein Bestandteil des Systems der strategischen Unternehmensgesamtplanung verstanden werden könnte, wenn man beispielsweise auch die Diskussion um die Erweiterung des Controlling auf das strategische Controlling hin verfolgt.

Erster Teil

BEEINTRÄCHTIGUNGEN DES CORPORATE DEVELOPMENT DURCH ZIELABWEICHUNGEN UND IHRE VERURSACHUNG

A. Klärung der Ausgangssituation einer konkreten Unternehmung

Wenn die Einführung eines Systems der strategischen Unternehmensplanung ein Kriterium dafür ist, daß Unternehmungen auf die Verwerfungen der siebziger Jahre reagiert haben, so hätten bisher nur wenige Unternehmungen reagiert. Untersuchungen für die deutsche verarbeitende Industrie zeigen, daß im Jahre 1983 erst knapp 27% der Unternehmungen angaben, mit strategischer Planung zu arbeiten.[1] Diese Angabe kann und wird nicht bedeuten, daß 73% der Unternehmungen überhaupt keine Konsequenzen aus den Verwerfungen ihrer Umwelt gezogen haben. Wenn aber erst ein System der strategischen Planung dazu führt, sich gezielt mit den Potentialen der Unternehmung zu befassen und als Konsequenz daraus vor allem auch über eine sachgerechte Aufbauorganisation (und Ablauforganisation) zu entscheiden, dann muß gesagt werden, daß die Zahl solcher idealtypischer Unternehmungen, auf die sich die Ausführungen dieser Arbeit beziehen, wohl doch bei maximal 27% liegt. So soll die Rede von Abweichungen sein, die im Zusammenhang mit Defiziten an Corporate Development stehen und nicht von Abweichungen, die die Einführung der strategischen Planung erwägen lassen. Eine Unternehmung der letzten Art könnte mit den Darstellungen und Empfehlungen dieser Arbeit nichts anfangen.

Bezugspunkt soll eine Unternehmung sein, die spätestens seit den makroökonomischen Verwerfungen der siebziger Jahre ihre strategische Situation und Position kennt und über ihre Möglichkeiten sowie die Realisierung instrumentaler Voraussetzungen zur Er-

---

1) Vgl. KIRSCH/HÖFNER 1983.

reichung langfristiger Überlebensziele nachgedacht hat. Die idealtypische Unternehmung soll mit den Methoden, die in Theorie und Praxis als bewährte Diagnoseverfahren gelten, analysiert worden sein. Produkte und Märkte sollen als transparent und die Schnittstellen als bekannt gelten. Die Unternehmung soll die eigenen und weitgehend auch die Stärken und Schwächen der wesentlichen Wettbewerber kennen. Die Erfolgsfaktoren sollen als identifiziert gelten. Die Lebenszyklen der einzelnen Produkte sollen bekannte Fakten sein und zu Konsequenzen im Marketing und in den Entwicklungsplanungen geführt haben. Marktsegmentierung sei zu einem gängigen Begriff mit praktisch gefülltem Inhalt geworden.

Ferner sollen die Unternehmensziele formuliert und in der Unternehmung und gegenüber den Aktionären und der weiteren Öffentlichkeit bekanntgegeben worden sein. Vor allem aber soll die Unternehmung auch eine konsequente Entscheidung zur Unternehmensorganisation getroffen haben. Die Bestandsaufnahme soll ergeben haben, daß auch eine modifizierte Strukturorganisation die Umsetzung der strategischen Unternehmensplanung nicht (mehr) ermöglicht hätte. Die Unternehmung habe sich (zunächst) für eine Matrixorganisation entschieden. Gegen eine eindeutige Divisionalisierung sollen (noch) gewichtige Gründe gesprochen haben. Auch sei nicht auszuschliessen, daß zunächst die Leistungsfähigkeit eines mehrdimensionalen Strukturmodells getestet werden sollte, bevor die Produkt-/Marktkombinationen in die volle Selbständigkeit überführt würden.

Für eine andere Unternehmung mag die Bestandsaufnahme ergeben haben, daß die seinerzeit isoliert eingeführte, totaldivisionale Strukturorganisation nicht die in sie gesetzten Erwartungen bestätigte. Wiederum eine andere Unternehmung soll festgestellt haben, daß die durch laufende Firmenaufkäufe entstandene Führungsstruktur divisionalen Charakters zu einer Belastung wurde. Beide Unternehmungen sollen daher nach Einführung der strategischen Planung zu der Entscheidung gekommen sein, die Unternehmensorganisation ebenfalls nach dem Matrixmodell auszurichten.

Bei der Herausarbeitung einer idealtypischen Unternehmung wurde Bezug zu einer realen Unternehmung genommen. Die Matrixorganisation dieser Maschinenbauunternehmung - als Verrichtungs-Objektmatrix[1] - ergab in 1976 die in Abbildung 2 aufgezeigte Struktur.[2]

1) Vgl. BLEICHER 1981, S. 124.

2) Ebenda, S. 447.

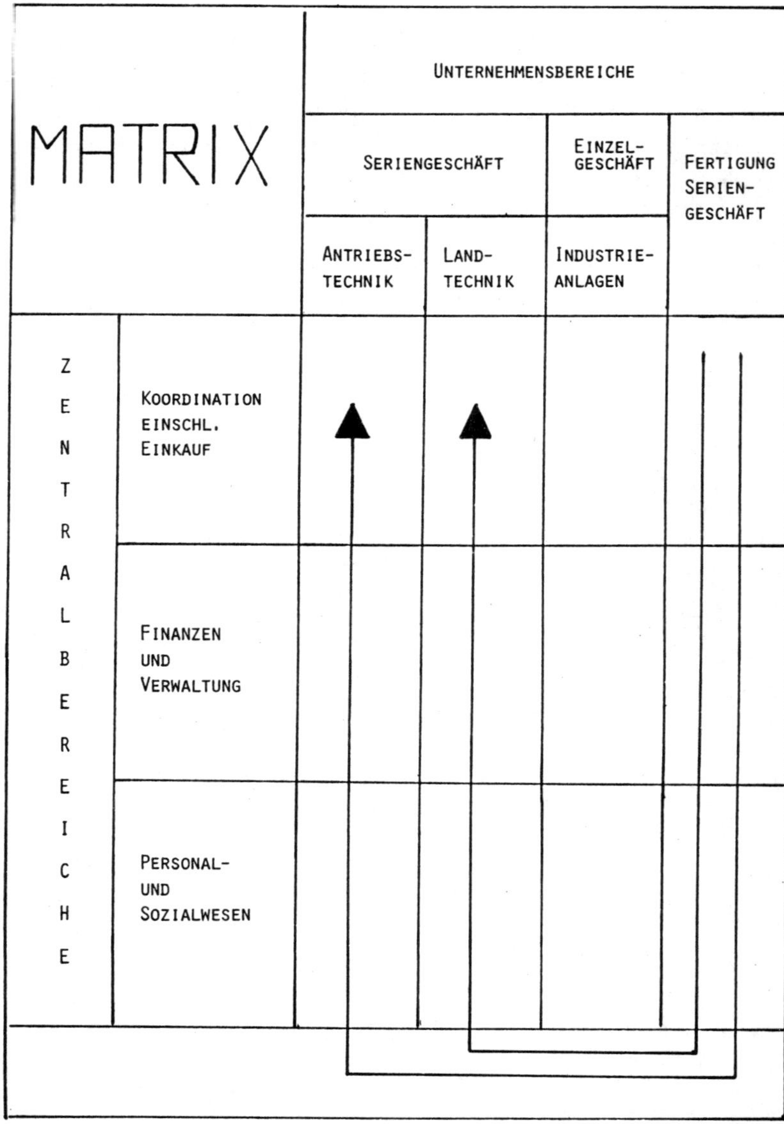

ABB. 2: MATRIX-ORGANISATION EINER UNTERNEHMUNG DER MASCHINENBAUINDUSTRIE IN 1976

Die Unternehmensbereiche umfassen jeweils mehrere Sparten. In der nachfolgenden Abbildung 3 ist beispielhaft der Unternehmensbereich Antriebstechnik mit seinen drei Sparten dargestellt.

Unternehmensbereich Antriebstechnik		
Schnellaufende Motoren	Mittel- und Großmotoren	Gasturbinen
° Entwicklung	° Entwicklung	° Entwicklung
° Vertrieb	° Vertrieb	° Vertrieb
° Kundendienst	° Kundendienst	° Kundendienst
		° Fertigung

Abb. 3: Darstellung von Unternehmensbereich und Sparten in einer Unternehmung der Maschinenbauindustrie in 1976.

Die Kriterien der neuen Matrixorganisation waren im wesentlichen die folgenden:

- Es sollte gegenüber der Vorgängerorganisation eine produktbezogene Verantwortung ermöglicht werden. Sie sollte in einer Einmannverantwortung zum Ausdruck kommen. Dieses Prinzip galt für den Unternehmensbereich wie für die Sparte.

- Die Divisionalisierung der Funktionen Entwicklung und Vertrieb war eine Konsequenz des Prinzips der Einmannverantwortung und eine Grundvoraussetzung in Richtung Ergebnisverantwortung. Die Zuordnung der Fertigung zu den Unternehmensbereichen, wenn nicht sogar zu den Sparten, war gewünscht. Zum Einstieg wurde auf eine Divisionalisierung aber noch verzichtet. Insbesondere die zentralen Fertigungen waren historisch gewachsen und miteinander technologisch und ablauforganisatorisch verzahnt.[1)] Voraussetzung war allerdings, zwischen den produktbezogenen Unternehmensbereichen und Sparten sowie dem Unternehmensbereich Fertigung ein praktikables Liefer- und Abrechnungsregularium zu vereinbaren. Die Fertigung wurde nicht als Zentralbereich, sondern als Unternehmensbereich besonderer Art geführt, weil er mit bestimmten Fertigungsleistungen auch direkt an den Markt geht. In den Fällen, in denen eine Sparte historisch bedingt mit einem Fertigungsstandort zusammenfällt, ist die Fertigung der Sparte direkt belassen.

  Die Abbildung 4 zeigt grob, wie ein solches Regularium strukturiert sein könnte.

---

1) Vgl. BLEICHER 1981, S. 98.

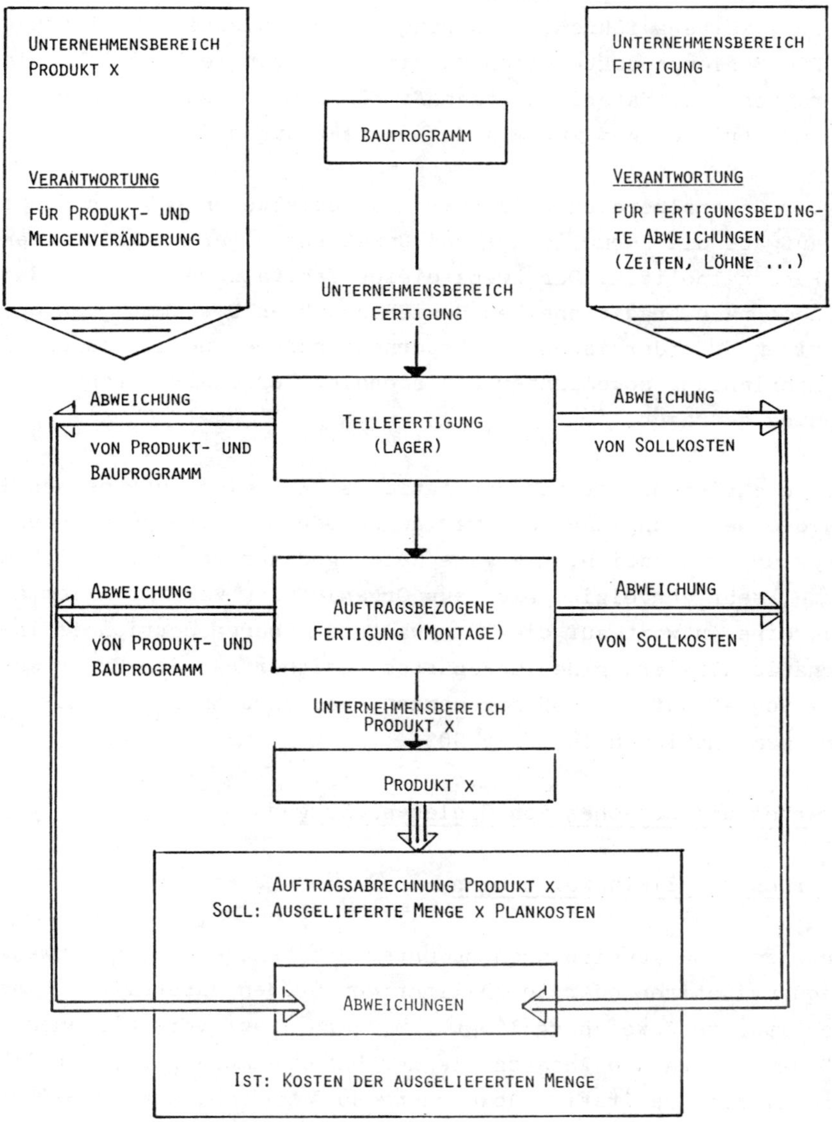

ABB. 4: DARSTELLUNG DES LIEFER- UND ABRECHNUNGSREGULARIUMS IN EINER MATRIX-ORGANISIERTEN UNTERNEHMUNG DER MASCHINENBAUINDUSTRIE

- die Entscheidung, die Materialwirtschaft zunächst noch zentral weiterzuführen, entsprang synergistischen Überlegungen. Die Serienprodukte haben zu einem grossen Teil gleiche Lieferanten. Die Materialwirtschaft für den Unternehmensbereich Industrieanlagen wurde jedoch direkt zugeordnet.[1)]

- Der Zentralbereich Personal- und Sozialwesen hat als Hauptaufgabe die Formulierung und Umsetzung einer einheitlichen Personalpolitik. Der Zweck dieses Zentralbereiches ist damit noch nach traditionellen Gesichtspunkten bestimmt. Den operativen Erfordernissen der Unternehmensbereiche ist durch die Einrichtung sogenannter divisionaler Personalreferenten Rechnung getragen.[2)]

Die beschriebene Matrixorganisation stellt eine unternehmensindividuelle Lösung dar. Sie war gegenüber der vorangegangenen Strukturorganisation, die eine Geltungsdauer von ca. 10 Jahren hatte, sehr ehrgeizig. Die neue Organisation war vor allem aber auch eine Antwort auf die zu erwartende überproportionale Internationalisierung des Geschäftes. Seither hat der Exportanteil von 40 auf ca. 70% zugenommen, bei einzelnen Produkt-/ Marktkombinationen auf fast 90%.

B. Arten und Ursachen von Zielabweichungen

I. Arten von Zielabweichungen

Zunächst sind Abweichungen zu unterscheiden, die sich entweder in quantitativen oder in qualitativen Größen darstellen. Eine quantitative Abweichung liegt vor, wenn - aus verschiedenen Gründen - etwa die Absatzziele der Unternehmung nicht erreicht werden. Als qualitative Abweichung soll gelten, wenn die Absatzziele erreicht oder sogar überschritten werden und trotzdem die

---

1) Vgl. BLEICHER 1981, S. 48.

2) Ebenda, S. 211.

Marktanteile zurückgehen, weil das Marktwachstum stärker war als geplant. Diese qualitative Abweichung kann mit Zeitversatz zusätzlich zu einer quantitativen Abweichung führen, wenn es dem Wettbewerb gelungen ist, mit seinem Marktanteilszuwachs etwa aufgrund grösserer Flexibilität zugleich gewisse neue Wettbewerbsbarrieren zu errichten.

Häufig ergeben sich Abweichungen im Rahmen finanzwirtschaftlicher Grössen. Die erwartete Cash-Flow-Bilanz beispielsweise bleibt hinter der Planung zurück oder die Kapitalmarktsituation ändert sich anders als erwartet.

Auch Veränderungen von Leistungsgrössen resultieren in unvorhergesehenen negativen oder auch positiven Abweichungen. Auf der Erreichung bestimmter F&E-Ziele basierende Umsatz- und/oder Marktanteilsplanungen werden der Zeit und der Struktur nach notleidend. So kann die Planung der F&E-Aufgabe zu ehrgeizig gewesen sein und sich daher die Einführung neuer Produkte verschieben. Auch kann das F&E-Ziel unvorhergesehen durch ein Patent negativ tangiert werden. Aber auch der umgekehrte Fall ist möglich. Erwartete quantitative und/oder qualitative Abweichungen treten nicht ein, weil neue Produkte früher zur Verfügung stehen mit dem Ergebnis zusätzlicher Marktanteilsgewinne und/ oder verbesserter Erlöse. Auch kann die Freigabe innovativer Produkte überhaupt erreicht werden, weil ein fremder Patentanspruch überraschend hinfällig wird.

Schließlich gibt es Abweichungen, die sich entweder direkt auf die Unternehmung als Ganzes auswirken oder differenziert zunächst auf die einzelnen Unternehmensbereiche. In dem einen Fall ergibt sich eine top-down-Beeinträchtigung, in dem anderen Fall wirkt sie sich bottom up aus.

So kann sich etwa eine unerwartete, generelle Verschlechterung der Kapitalmarktsituation sehr unterschiedlich auf die Unternehmensgesamtentwicklung auswirken. Sie wirkt sich im Rahmen der Investitionsplanung negativ aus - mit Auswirkung auf alle Unternehmensbereiche - wenn ein hoher Fremdfinanzierungsanteil geplant war. Qualitative oder auch quantitative Abweichungen können die weitere Konsequenz sein.

Die Verschlechterung der Kapitalmarktsituation kann sich für einen bestimmten Unternehmensbereich besonders negativ und endgültig auswirken, wenn er beispielsweise Investitionsgüter in erheblichem Umfang direkt in den auf Kapitalmarktveränderungen sensibel reagierenden Bausektor liefert. Zurückgehende Erlöse oder sogar sinkende Absätze können bottom up zu mehr oder weniger erheblichen Beeinträchtigungen der Gesamtunternehmung führen. Für einen anderen Unternehmensbereich, der zum Beispiel Maschinen in den landwirtschaftlichen Sektor liefert, kann die wegen der ähnlichen Zinsreagibilität eigentlich gleichermaßen erwartete Beeinträchtigung wesentlich schwächer ausfallen. Wider Erwarten entwickeln sich die Ernten sehr gut und der Fremdkapitalbedarf landwirtschaftlicher Betriebe fällt deutlich geringer aus. Die Nachfrage bricht nicht ein, wie zu befürchten gewesen wäre, oder nimmt gegenüber der Planung sogar noch zu. Hierfür könnten unter bestimmten Voraussetzungen die Kapazitäten flexibler genutzt werden, die dem endgültig negativ belasteten Unternehmensbereich zugeordnet sind.

Entsprechend den Anteilen beider Unternehmensbereiche an der Gesamtunternehmensleistung kann die Beeinträchtigung des einen Bereiches über interne Reaktionselastizitäten durch einen anderen Bereich gemildert oder sogar kompensiert werden. Für die Gesamtunternehmung mag daher eine quantitative Abweichung ausbleiben. Eine Abweichung finanzwirtschaftlicher Grössen wird es aber dennoch geben. Da beide Unternehmensbereiche sicherlich mit unterschiedlichen Deckungsbeiträgen arbeiten, wird die Cash-Flow-Situation in jedem Fall ungünstig beeinflußt werden.

Es lassen sich sicherlich noch andere Arten von Zielabweichungen charakterisieren, etwa auch in der Unterscheidung nach der

Zeitdauer einer Abweichung. Die beispielhaft angeführten Ausprägungen von Abweichungen und die teilweise schon genannten Ursachen wurden zunächst bewußt einfach gehalten. Aber es werden bereits folgende Zusammenhänge deutlich:

- qualitative Abweichungen können bei nicht ausreichender Reaktionsfähigkeit auch zu quantitativen Abweichungen führen
- quantitative Abweichungen in unterschiedlichen Unternehmensbereichen können durch organisatorisch abgesicherte Elastizitäten tendenziell kompensiert werden
- Abweichungen können extern oder intern ausgelöst werden. Erst über die Austauschbeziehungen der Systeme wird das deutlich. Im Interesse des Corporate Development muß dann aber auch festgestellt werden, ob eine Beeinflußbarkeit gegeben gewesen wäre oder nicht.

II. Ursachen von Zielabweichungen

Die Abweichungen sind lediglich das Symptom. Im Sinne zutreffender Diagnose als Voraussetzung angemessener Therapie ist den Ursachen für Abweichungen nachzugehen. Die Ursachen bilden die Bedrohungslage - oder das zusätzliche Chancenpotential - für die Unternehmung und die Unternehmensentwicklung. Aus der Bedrohungslage leiten sich die strategischen Optionen ab, nicht aus den Abweichungen.

Ausgangspunkt für Abweichungen und Ursachen sind die Austauschbeziehungen, die zwischen der Unternehmung und ihren Umsystemen bestehen und sich dynamisch weiterentwickeln. Aus den verschiedenen Umsystemen ergeben sich dementsprechend verschiedene (Umwelt-) Bedingungen, die die Austauschbeziehungen bestimmen und in der Ausprägung von Abweichungen zum Ausdruck kommen. Die Umweltbedingungen lassen sich in gesetzliche, ökonomische, technologische und sozio-kulturelle Bedingungen klassifizieren.[1)]

---

1) Vgl. KREIKEBAUM 1981, S. 29; BLEICHER 1979, S. 13.

Jede dieser Klassen von Bedingungen hat neben unterschiedlich komplexen Inhalten auch eine unterschiedliche Dynamik. Gesetzliche Umweltbedingungen etwa sind in nationale und internationale Inhalte zu strukturieren. Während nationale Inhalte relativ stabil sein können, mögen international erhebliche Diskontinuitäten gegeben sein. Ökonomische Umweltbedingungen lassen sich nach Gesamtwirtschaft, Branchen und Märkten strukturieren.[1)]

Ursachen, die gesamtwirtschaftlich negative Abweichungen vorhersehen lassen, können eine spezifische Branche oder einen bestimmten Markt (noch) unbehelligt lassen.

Mit der Heterogenität und Diversität der einzelnen Umweltsysteme nehmen tendenziell auch die diagnostischen und prognostischen Transparenzen weiter ab und damit grundsätzlich auch die Möglichkeiten einer Beherrschbarkeit der Unternehmensentwicklung.[2)] Dies kann bedeuten, daß Ursachen immer weniger schnell und abgesichert ermittelt werden können, dafür aber die Reaktionsfähigkeit der Unternehmung erhöht werden muß, um zunächst einmal wenigstens die Abweichungen abfangen zu können.

Zunehmend macht sich auch bemerkbar, daß verschiedene Klassen von Umweltbedingungen oder zumindest Teile ihrer Inhalte in sich gegenseitig verstärkende oder auch blockierende Beziehungen kommen. Immer stärker zu berücksichtigende Gesichtspunkte der Ökologie zwingen beispielsweise dazu, neue Strukturierungen und Inhalte des Systems einer strategischen Unternehmensplanung zu überlegen.[3)]

Damit ergeben sich über die Zeit zwischen den Systemen Unternehmung und Umwelt immer schwierigere Tatbestände der Vorhersehbarkeit, Planbarkeit und Reaktionsfähigkeit. Die folgende Abbildung 5 soll das grob verdeutlichen.

1) Vgl. KREIKEBAUM 1981, S. 29.

2) Vgl. BLEICHER 1979, S. 39.

3) Vgl. KREIKEBAUM 1981, S. 151-162.

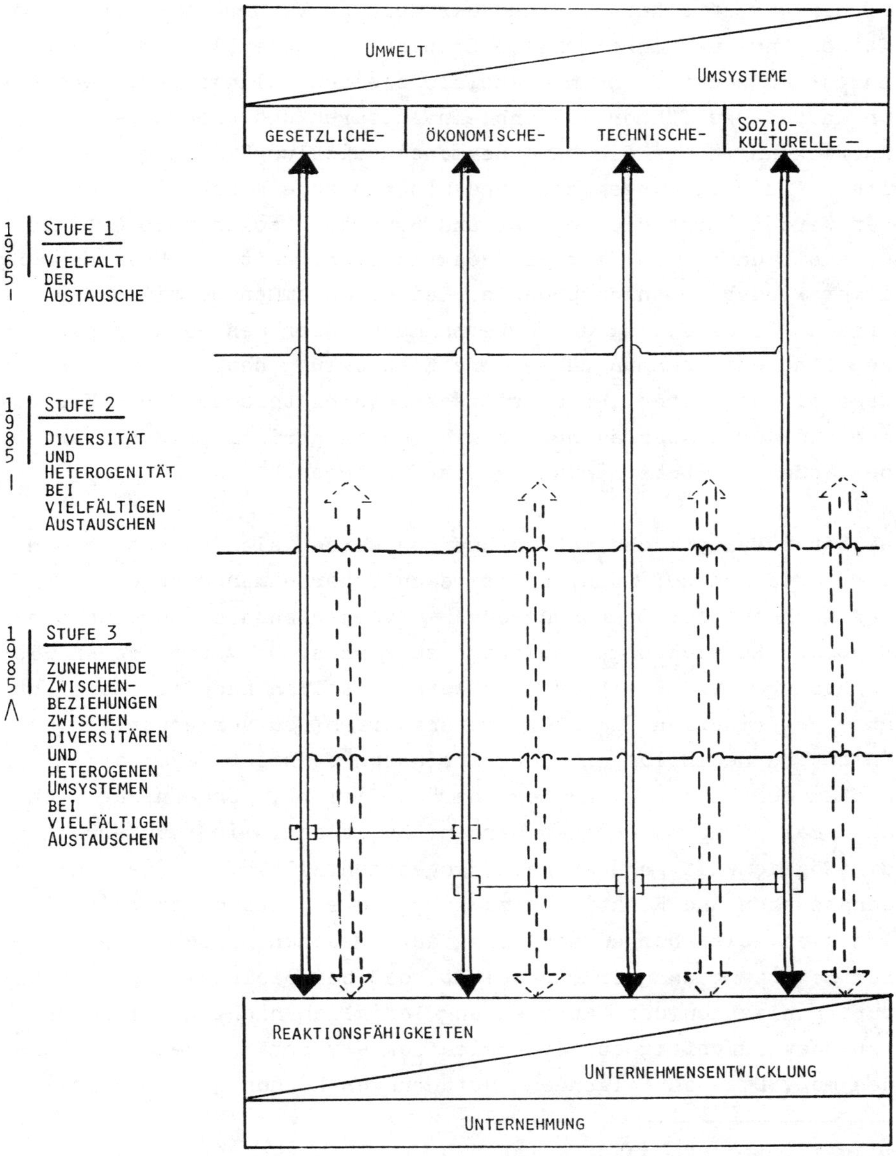

ABB. 5: ENTWICKLUNG VON VORHERSEHBARKEITEN, PLANBARKEITEN UND REAKTIONEN ZWISCHEN SYSTEMEN

Diese Tatbestände gelten für alle Wettbewerber der Unternehmung gleichermaßen. Über die zukünftige Wettbewerbsposition der Unternehmung entscheidet daher der Grad an Vorbereitung auf diese Tatbestände und ihre weitere Entwicklung wesentlich mit. Bedrohungs- und/oder Chancenpotentiale bleiben solange bedrohend oder ungenutzt und führen zu "unbeeinflußbaren und unberechenbaren Entwicklungen für die Unternehmensentwicklung",[1] wie sie nicht identifiziert, eingegrenzt und mit Wahrscheinlichkeiten versehen werden. Erst die Analyse und Bewertung solcher Potentiale erlaubt, dann auch über die Reaktionsfähigkeit der Unternehmung immer wieder neu nachzudenken. Beides zusammen bestimmt den Grad an Vorbereitung der Unternehmung. "Der Gestaltungsspielraum, den eine Unternehmung über ihre Entwicklung hat, dürfte also im wesentlichen durch ihr spezifisches Verhältnis zu ihren Umsystemen und deren Ausprägungen sowie von langfristigen Strukturtatbeständen der Unternehmung selbst abhängen."[2]

Selbst idealtypische Unternehmungen werden sich kaum schon in der Situation befinden, Defizite an Unternehmensentwicklung nur noch aus der Bedrohung durch unvorhersehbare oder unbeeinflußbare Entwicklungen erwarten zu können. Um vor falschen Einschätzungen und Reaktionen zu warnen, sollen nachfolgend nicht nur die Kriterien "nicht zu verantworten/ zu verantworten", "nicht zu beeinflussen/zu beeinflussen", "nicht regelbar/im System der Unternehmung regelbar" definiert, sondern zugleich auch Beispiele zugeordnet werden. Damit soll einer Unternehmung die Möglichkeit gegeben sein, gegebenenfalls bisherige Einschätzungen und Reaktionen zu korrigieren. Auf diese Weise lassen sich Abweichungen schlüssig auf Ursachen zurückführen, deren Bewertung dann erkennen läßt, daß beispielsweise die Strukturorganisation der Unternehmung lediglich nachzukorrigieren ist oder zukünftig auf Synergieeffekte verstärkt geachtet werden muß. Die nachfolgenden Ausführungen können nur beispiel-

1) Vgl. BLEICHER 1979, S. 38.

2) Ebenda, S. 39.

haft sein. Sie dienen lediglich der Systematik und sollen anderen Unternehmungen Anhaltspunkte für ein eigenes Vorgehen sein.

Vielfach sehen die Unternehmungen die Ursachen für Abweichungen nur in externen Gründen und übersehen interne Ursachen und Einflußsphären. Der Grund liegt oft darin, daß lediglich die Abweichungen beurteilt werden, die sich im Spiegel der (externen) Austauschbeziehungen zeigen. Symptom und Ursache werden damit eben nicht sauber auseinander gehalten.

Die Ursache für eine Abweichung mag nicht vorhersehbar gewesen sein. Das trifft oft für schwerwiegende "strategische Diskontinuitäten",[1)] wie etwa Rohstoff- oder Währungskrisen zu. Dann ist auch die Abweichung nicht zu verantworten. Es bleibt nur die Frage, ob der Vorbereitungsgrad der Unternehmung bereits so günstig ist, daß die Auswirkungen der Abweichung wenigstens gemildert werden können. Eine nicht vorhersehbare Ursache kann im Verständnis dieser Arbeit nur extern vorliegen.[2)]

Eine vorhersehbare Ursache kann intern oder extern vorliegen. Die Abweichung ist dann von der Systematik her grundsätzlich zu verantworten. Die Verantwortung kann die Gesamtunternehmung betreffen oder einen einzelnen Unternehmensbereich. Wenn auf die Ursache sogar Einfluß zu nehmen gewesen wäre, so wiegt die Verantwortung um so schwerer. Voraussetzung ist allerdings, daß beispielsweise ein verantwortlicher Unternehmensbereich dazu auch instrumental in der Lage war. Das wird vom Vorbereitungsgrad abhängen.

Wenn der Betriebsrat wichtige strategische Entscheidungen blokkiert, weil er zu der Unternehmensstrategie nicht rechtzeitig um Einvernehmen angesprochen wurde, und dies zu schwerwiegenden

---

1) ANSOFF 1976, S. 129.

2) Vgl. S. 33-40.

Abweichungen führt, so war die Ursache hierfür vorherzusehen und sie war zudem beeinflußbar. Das Betriebsverfassungsgesetz sieht eindeutige Rechte für den Betriebsrat und den Wirtschaftsausschuß vor. Es sieht (auch) vor, daß zwischen den Zielen der Unternehmung und den Belangen der Belegschaft die Interessen angemessen ausgeglichen werden. Wenn im Rahmen der strategischen Unternehmensplanung beispielsweise ein erheblicher genereller oder standortbezogener Personalabbau durchzuführen ist, so ist es in der Tat eine schwierige Aufgabe, die Mitarbeitervertretung glaubhaft zu überzeugen, daß es sich letztlich um die gemeinsame Wahrnehmung der Sozialfunktion handelt, nämlich den Erhalt der übrigen Arbeitsplätze dauerhaft und ertragreich zu sichern. Für Unternehmensleitung und Betriebsrat hat gleichermaßen das Bewußtsein zu gelten, daß sie zwar unterschiedliche Funktionen in der Unternehmung auszuüben haben, aber sich dennoch beide Seiten für die Belange und das Wohlergehen des Unternehmens als Ganzes einsetzen müssen.[1)] Die Zeit für solche Abstimmungs- und Entscheidungsprozesse ist heute ungleich schwieriger als in den siebziger Jahren. Es hängt dann von der Qualität der Argumente und Konzepte ab, für die in erster Linie die Unternehmung zuständig ist. Beeinträchtigungen des Corporate Development aufgrund derart aus interner Einflußsphäre herzuleitender Abweichungen hat die Gesamtunternehmung zu verantworten. Eine günstigere Institutionalisierung der Interessenrepräsentation - für zukünftig auch andere schwerwiegende Aspekte von gegenseitigem Interesse wie etwa der Beachtung ökologischer Gesichtspunkte - sollte die unerlässliche Konsequenz sein.[2)]

Ein Unternehmensbereich hat zu verantworten, wenn aufgrund sprunghaft zugenommener Produktkonkurrenz die Absatzziele nicht erreicht werden oder, um die Absatzziele und die Marktanteile zu halten, Erlös-Einbußen in Kauf genommen werden (müssen). Die Forschungs- und Entwicklungsplanung mag nicht realisiert

---

1) Vgl. BIRKER 1983; vgl. auch BOSCH/KOHL 1983

2) Vgl. KREIKEBAUM 1981, S. 162.

worden sein. Auch können Maßnahmen der Wertanalyse unterblieben sein, wodurch der Produktkonkurrenz durch echte Kosteneinsparungen wenigstens teilweise hätte begegnet werden können. Diese negative Entwicklung war aus interner Einflußsphäre vorhersehbar und beeinflußbar. Sie zeigte sich extern im Rahmen der Austauschbeziehungen.

In einem anderen Fall kann der Unternehmensbereich die Absatzziele nicht erreichen, weil die Kostensituation unbefriedigend ist oder der Liefergrad nicht den Flexibilitätserfordernissen des Marktes entspricht. Beides kann seine interne Ursache in der (noch) nicht divisionalisierten Fertigung haben. Bei Einrichtung der Matrixorganisation mag aus naheliegenden Gründen die Fertigung noch zentral organisiert geblieben sein. Die Abweichung und ihre Ursache ist im System abzufangen. Die Strukturorganisation kann durch Divisionalisierung der Fertigung nachgebessert werden, wenn jetzt die Voraussetzungen hinreichend gegeben sind. Wenn der Unternehmensbereich nicht unverzüglich auf die strukturorganisatorische Nachbesserung drängt, so ist seine Verantwortung für die Abweichung und ihre Ursache zumindest für die weitere Zukunft eindeutig gegeben.

Für einen anderen Unternehmensbereich können zahlreiche Märkte zu geschlossenen Märkten werden, was zu Abweichungen in den Absatzzielen führt. Diese Entwicklung war vorhersehbar, aber nicht zu beeinflussen. Die Auswirkungen sind im System normalerweise nicht abzufangen. Wenn die Abweichungen nicht dauerhaft bleiben sollen, muß eine aktive, institutionalisierte Lizenzpolitik begonnen werden. Es ergibt sich die Frage, ob dies je Unternehmensbereich oder durch eine zentrale Einrichtung geschehen soll. Direkte Lieferungen in jene Märkte werden jedenfalls zukünftig ausfallen, Marktpositionen können nur noch relativ durch Lizenzvergaben gehalten werden. Etwas entlastend wirkt sich aus, daß in der Anlaufphase in der Regel noch Zulieferungen erfolgen (können), bis die nationale Fertigung technologisch zuverlässig steht.

Wenn sich die Kapitalmarktsituation drastisch ändert, mag zunächst noch offen bleiben, ob diese Entwicklung vorhersehbar war oder nicht. Jedenfalls kann die veränderte Kapitalmarktsituation Ursache von Abweichungen sein, die sich in der Gesamtunternehmung oder zunächst nur in einzelnen Unternehmensbereichen auswirken. Entweder kann die Gesamtinvestitionsplanung betroffen sein oder beispielsweise nur der Bereich der Exportfinanzierungen. Es ist Aufgabe und Verantwortung des Zentralbereiches Finanzen, für die Alternativlösungen innerhalb des Systems rechtzeitig Sorge zu tragen, damit entweder die Investitionen - beispielsweise auch zur langfristigen Erhöhung der Absatzziele - doch noch durchgeführt werden können oder für die kurzfristigen Absatzziele noch andere akzeptable Exportfinanzierungen möglich werden.

Marktanteilsverluste und Absatzrückgang können ihre (externe) Ursache in nicht mehr zutreffender Marktsegmentierung haben. Verändertes Kundenverhalten hat zu strukturellen Veränderungen des Marktes geführt. Diese Entwicklung ist im Zweifel vorhersehbar gewesen, wenn auch nicht zu beeinflussen. Die Abweichungen allerdings sind zu verantworten, denn beispielsweise die Pflege und Fortführung geeigneter Diagnosemethoden im Rahmen der strategischen Planung hätte diese Strukturverschiebungen rechtzeitig offenlegen können.

In anderen Fällen mag es zu strukturellen Veränderungen im Zusammenhang mit den kritischen Erfolgsfaktoren eines Marktsegmentes gekommen sein. Absatzeinbußen mögen sich im nachhinein dadurch erklären lassen, daß die Human Ressourcen bzw. spezifische Ausprägungen dieses Faktors zu dominanten Kriterien geworden sind. Diese Entwicklung aus externer Einflußsphäre kann vorhersehbar gewesen sein. Wenn sie allerdings mit den oben genannten strukturellen Veränderungen des Marktes einhergeht, war sie nicht zu beeinflussen. Die Abweichung wäre innerhalb des Systems nur durch ein rechtzeitiges strategisches Management der Human Ressourcen[1] abzufangen (gewesen). Das kann Anlaß sein,

1) Vgl. LAUKAMM/WALSH 1985, S. 79-100.

in Zukunft Umfang und Struktur der kritischen Erfolgsfaktoren überhaupt einem permanenten Controlling zu unterziehen. Abweichungen aufgrund von Ursachen dieser Art können jederzeit erneut auftreten. Sie sind von den Unternehmensbereichen zu verantworten bzw. ihre Verantwortung bezieht sich darauf, institutionelle Absicherungen durch Systemergänzungen zu veranlassen.

Marktanteile können rückläufig sein, weil die bisherigen Vertriebsstrukturen quantitativ und qualitativ nicht mehr ausreichen. Absatzziele und Marktanteile können aber auch unter Druck geraten, weil die interne Kostenstruktur zunehmend zu aufwendig wird. Das Ausmaß der in der Eingangsorganisation durchgeführten Divisionalisierung mag sich als zu kostenaufwendig herausstellen. In beiden Fällen könnte durch eine gezielte Nutzung von Synergieeffekten zukünftig ein erheblicher Markt- und/oder Kostenvorteil freigesetzt werden. Die aktuelle Matrixorganisation einer Unternehmung mag die Nutzung von Synergieeffekten bisher noch nicht ausdrücklich begünstigt haben. Die entsprechenden Beziehungen und Austausche wären daher im System jetzt nachträglich durch Systemergänzungen einzurichten und sicherzustellen.[1)]

Die vorgenannten Kriterien, nämlich Verantwortung, Beeinflußbarkeit, Regelbarkeit, Einflußsphären für Abweichungen, Auswirkungen auf die Gesamtunternehmung oder nur einen Unternehmensbereich lassen sich auch in einer Matrix strukturieren, wie die folgende Tabelle 1 zeigt. Die bisher angeführten Beispiele können dann ohne weiteres zugeordnet werden. Wenn eine Unternehmung die bei ihr eingetretenen Defizite an Corporate Development auf der Basis der angesprochenen Kausalzusammenhänge analysiert, werden sich möglicherweise Schwerpunkte herausstellen, die zu überraschend anderen Einsichten führen als bisher und vor allem zu anderen oder differenzierteren Reaktionen.

---

1) Vgl. auch LEISTER 1981, S. 183.

Wegen			Abweichungen mit	Auswirkungen auf: Gesamtsystem	Auswirkungen auf: Unternehmensbereich
Ursachen	Intern	(1)	zu verantworten zu beeinflussen		
		(2)	nicht (unmittelbar) zu verantworten nicht (unmittelbar) zu beeinflussen im System aber regelbar		
		(3)	nicht zu verantworten nicht zu beeinflussen im System nicht regelbar Suche nach Systemergänzung		
	Extern	(1)	zu verantworten zu beeinflussen		
		(2)	nicht (unmittelbar) zu verantworten nicht (unmittelbar) zu beeinflussen im System aber regelbar		
		(3)	nicht zu verantworten nicht zu beeinflussen im System nicht regelbar Suche nach Systemergänzung		

Tabelle 1: (Ziel-) Abweichungen und ihre Kausalzusammenhänge

III. Relevanz der Abweichungen und Ursachen für die weitere Betrachtung

Wenn sich bei einer Bestandsaufnahme der Abweichungen, die zu Defiziten an Corporate Development geführt haben, Zuordnungen schwerpunktmässig im jeweiligen Strukturblock (1) der Matrix ergeben, so wird im Zweifel überwiegend Mismanagement vorliegen. In Einzelfällen kann es sich (noch) um Anpassungsschwierigkeiten innerhalb der praktischen Umsetzung des Matrixmodells handeln. Auf jeden Fall aber hätte die Forderung nach neuen therapeutischen Möglichkeiten, die sich ohne eine solche Analyse in der Unternehmung zuvor ergeben haben könnte, keine Berechtigung mehr. Hinweise bzw. Schlußfolgerungen, daß bestimmte strategische und operative Zuständigkeiten oder Aufgabenstellungen effektiver als bisher wahrgenommen werden müßten, stehen dazu nicht im Widerspruch.

Im Hinblick auf die idealtypische Unternehmung, die Basis dieser Arbeit ist, kann es sich daher bei der weiteren Betrachtung nur um Abweichungen und ihre Ursachen handeln, die in einer Bestandsaufnahme den Strukturblöcken (2) und (3) zugeordnet würden. Die Frage nach der individuellen Verantwortung für eine Abweichung oder sogar für ihre Ursache, sofern diese vorhersehbar und gegebenenfalls auch zu beeinflussen gewesen wäre, soll im Rahmen dieser Arbeit nur von der Systematik her gestellt sein. Es kann sein, daß die Ursache einer Abweichung von einem Unternehmensbereich durchaus gesehen wurde und damit auch die Abweichung selbst.

Die Unabänderlichkeit könnte jedoch damit begründet werden, daß keine Möglichkeit der Einflußnahme erkannt und auch keine Chance gesehen wurde, die Abweichung im System wenigstens abzufangen. Erst recht wurde keine Systemergänzung erwogen. Damit wäre letztlich der generelle Vorbereitungsgrad[1)] der Unternehmung an-

---

1) Zum Begriff: vgl. ELLINGER 1958, S. 14.

gesprochen und das ist eine Angelegenheit der Gesamtunternehmung. Die Antwort auf die Frage nach Verantwortlichkeiten ist unternehmensindividuell zu geben.

Im Sinne dieser Arbeit soll durch die Frage nach der Verantwortung abgegrenzt werden, wo und wann welche Vorkehrungen zu treffen sind, damit Verantwortung für die Abwehr von Ursachen als Bedrohungspotential wahrgenommen und auch zugeordnet werden kann, zumindest aber Verantwortung für die Bewältigung der Abweichungen. Die Vorkehrungen sind auf der Basis der praktizierten Matrixorganisation zu treffen. Sie müssen daher mit der Strukturorganisation und mit den für sie geltenden Führungsprinzipien konsistent sein. Für den Strukturblock (2) soll gelten, daß nach übereinstimmender Ansicht aller Systemmitglieder die konkrete Ausprägung der Matrixorganisation noch genügend Ansatzpunkte bietet, Bedrohungspotentiale zwar möglicherweise nicht verhindern, jedoch die aus ihnen resultierenden Abweichungen im System abfangen zu können. Strukturorganisatorische Korrekturen können zu diesen Ansatzpunkten zählen, aber auch die einvernehmlich zentral institutionalisierte Durchführung einer oder mehrerer Aufgabenstellungen.

Für den Strukturblock (3) soll gelten, daß Ursachen für Abweichungen letztlich nicht beeinflußbar sind. Um so schwerwiegender werden im Zweifel auch die Auswirkungen sein. Die Ansatzpunkte, die noch für den Strukturblock (2) als ausreichend angesehen werden, mögen nach Meinung aller Systemmitglieder nicht mehr erlauben, auch jetzt noch die Abwehr der Abweichungen sicherzustellen. Es sollen strukturkonsistente Systemergänzungen erfolgen, etwa in Form von Zwischensystemen.[1)]

1) Vgl. BLEICHER 1979, S. 78-85.

C. Zusammenhang zwischen Zielabweichungen und organisatorischen Regelungen

I. Begriffliche Grundlagen zur dynamischen Theorie der Organisation

1. Geltungsdauer organisatorischer Regelungen

Die Organisation soll zur produktiven Gestaltung des Ablaufs der Systemprozesse beitragen, d.h. ein befriedigendes Verhältnis zwischen dem Output und den dazu benötigten Ressourcen und Arbeitsleistungen der Systemmitglieder ermöglichen.[1] Die Bedingungen einer ursprünglich optimalen Organisationsform ändern sich jedoch im Zeitablauf,[2] da der Output im Rahmen der Austauschbeziehungen zwischen der Unternehmung und den Umsystemen entweder (neuen) Bedrohungen ausgesetzt ist oder sich zu seiner weiteren Optimierung Chancen eröffnen, die zu nutzen sind. Wenn der produktive Beitrag der Organisation erhalten bleiben soll, muß die bestehende Organisation entsprechend den veränderten Bedingungen angepasst, weiterentwickelt oder durch eine Neuregelung ersetzt werden. Ein so zu verstehender Beitrag der Organisation erlaubt, sie zu dem Kreis der sogenannten Erfolgsfaktoren[3] zu zählen. Der Beitrag der Erfolgsfaktoren bestimmt sich nach ihrem jeweiligen Erfüllungsgrad. Der Erfüllungsgrad kann als ein Aspekt des Konzeptes der Lebenszykluskurve gesehen werden. Wenn über die Notwendigkeit einer Anpassung der Organisation nachgedacht werden muß, ist letztlich der Lebenskurve einer konkreten Organisation nachzugehen. Damit ist die Geltungsdauer einer Organisation oder einer organisatorischen Regelung angesprochen.[4] Die Gesamtorganisation ist die Summe einer Vielzahl einzelner organisatorischer Regelungen. Die

---

1) Vgl. HILL/FEHLBAUM/ULRICH 1974, S. 374.

2) Vgl. KREIKEBAUM 1975, S. 11.

3) Zum Begriff: vgl. HINTERHUBER 1977.

4) Vgl. KREIKEBAUM 1975, S. 33.

Schwierigkeit besteht darin, schlüssig zu erkennen, wann nur die Geltungsdauer einer einzelnen Regelung betroffen ist und zu Anpassungen zwingt, und ab wann die gesamte Organisation eine Veränderung oder sogar Neuregelung erfordert.

Die Geltungsdauer einer Regelung oder einer Organisation insgesamt bestimmt sich nach der Regelungseffizienz. Wenn ein Zusammenhang zwischen der Unternehmensentwicklung und der Summe aller Regelungseffizienzen als Inhalt der Gesamtorganisation besteht bzw. auf einen solchen Zusammenhang im Rahmen dieser Arbeit ausdrücklich aufmerksam gemacht werden soll, so ergeben sich zwei Schwierigkeiten. Zum einen ist es ohnehin schwierig, "den Zeitpunkt zu erkennen, ab wann eine quantitative Veränderung der Unternehmensentwicklung eine Anpassung des Organisationsmodells erforderlich macht",[1] d.h. zu erkennen, daß Regelungseffizienzen nachlassen und damit die Geltungsdauer des bisherigen Organisationsmodells zu Ende geht. Zum anderen kann der Bezug zu quantitativen Größenveränderungen dazu verleiten, die Geltungsdauer von Regelungen nach wie vor als gegeben anzunehmen, da sich auffallende Größenveränderungen (noch) nicht zeigen, weil die Unternehmung beispielsweise stagniert. Das ist heute häufig der Fall und kann sich möglicherweise auch für die weitere Zukunft noch so ergeben. Stattdessen sollte neben den Größenveränderungen vor allem die Art der zu erfüllenden Aufgaben das wichtigere Kriterium sein bzw. zukünftig werden. Damit wären dann als Beurteilungskriterien Anpassungsfähigkeit, Synergie, organisatorischer Überschuß, Koordination und Konflikt anzuführen.[2]

Eine dynamische Theorie der Organisation hätte insoweit nicht nur danach zu fragen, wie lange bestimmte Organisationsformen zu benutzen sind, sondern vor allem auch nach den dafür maßgeblichen Kriterien.[3]

---

1) BLEICHER 1979, S. 134.

2) Vgl. FUCHS-WEGNER/WELGE 1974, S. 71-82.

3) Vgl. KREIKEBAUM 1975, S. 13.

2. Regelungseffizienz

Wenn die Organisation einen Produktivitätsbeitrag zu leisten hat und die Sicherheit dieses Beitrages durch die Dauer organisatorischer Regelungen bestimmt ist, so ist nach den Bedingungen zu fragen, die die Effizienz als Maßstab der Geltungsdauer einer Regelung charakterisieren.

Die Regelungseffizienz wird als der Grad der Erfüllung eines oder mehrerer Sachziele durch eine bestimmte Regelung definiert.[1] Die Erledigung einer oder mehrerer Aufgaben wird als Sachziel(e) bezeichnet.[2] Die Formalziele geben die Bedingungen an, nach denen die Sachziele zu verwirklichen sind, etwa Wirtschaftlichkeit und Rentabilität.[3]

In der Regel ist davon auszugehen, daß die definierten Formalziele der Unternehmung keiner größeren Veränderung unterliegen. Der kritischere Betrachtungsbereich sind daher die Sachziele. Die Erledigung bestimmter Aufgaben steht im Austausch mit den Umweltbedingungen. Wird das Sachziel oder die spezifische Aufgabe bei veränderten Umweltbedingungen schwieriger als bisher erfüllt, so kann auf eine nachlassende Effizienz der zur Erledigung der Aufgabe bestimmten Organisation oder organisatorischen Regelung geschlossen werden. Der Produktivitätsbeitrag der Organisation ist damit gefährdet und damit zugleich der spezifische Beitrag der Organisation für die Unternehmensentwicklung.

Der Komplex der Regelungseffizienz beinhaltet zum einen die Aufgabe, die Effizienz von Regelungen nach einem Rückgang der Effizienz wieder zu erhöhen und zum anderen die Notwendigkeit, den Grenzwert einer optimalen Geltungsdauer festzulegen oder

---

1) Vgl. KREIKEBAUM 1975, S. 25

2) Ebenda, S. 24-25.

3) Ebenda, S. 25.

zu erkennen, daß sich die Unternehmung einem solchen Grenzwert nähert.[1] In der Vergangenheit zumindest haben die Unternehmungen die Notwendigkeit zum Wechsel des Organisationsmodells erst nach schon eingetretenen Schwierigkeiten erkannt.[2] Gleiches gilt sicherlich für eine sinnvolle, nur teilweise Anpassung oder Weiterentwicklung der Organisation.

II. Organisatorische Regelung, Strategische Planung und Unternehmensentwicklung

1. Dynamische Anpassung der Unternehmensorganisation als Maßnahme der strategischen Planung

Auf den direkten Zusammenhang zwischen Unternehmensentwicklung und strategischer Unternehmensplanung wurde bereits hingewiesen. Dieser Zusammenhang ist um den Aspekt der organisatorischen Regelung zu erweitern. Die Potentialveränderung als Ausdruck der Unternehmensentwicklung zeigt auf, in welchem Maße die im Rahmen der strategischen Planung erwartete Potentialveränderung unter der Bedrohung externer Bedingungen und auf der Basis eines Systems organisatorischer Regelungen erreicht werden konnte. Die Zusammenhänge von Regelungseffizienz und Geltungsdauer einer Regelung lassen erkennen, daß die Unternehmensentwicklung selbst dann schon gefährdet sein kann, wenn sich die externen Bedingungen noch im Rahmen der Erwartungen entwickeln. Denn die Höchstdauer verschiedener, wesentlicher organisatorischer Regelungen kann unbemerkt längst überschritten sein, was die Nutzung der bestehenden Potentiale für Potentialveränderungen bereits behindert.

Zielabweichungen, die zu Defiziten an Unternehmensentwicklung führen, könen im Extremfall ausschließlich auf zurückgegangene Regelungseffizienzen zurückzuführen sein. Im Regelfall treffen jedoch Regelungsineffizienzen und veränderte externe Bedingungen

---

1)Vgl. KREIKEBAUM 1975, S. 53-84

2) Vgl. BLEICHER 1979, S. 134.

und Bedrohungen zusammen, so daß die Anpassungsfähigkeit der organisatorischen Regelung(en) besonders abrupt erschöpft sein kann. Das System der strategischen Planung kommt daher bei der Bewirtschaftung und Disposition der (Erfolgs-) Potentiale zum Zwecke der Potentialveränderung ohne eine laufende Kontrolle des Effizienzreservoirs der organisatorischen Regelungen nicht (mehr) aus. "Um nicht ausschließlich von sporadischen Signalwirkungen des Effizienzabbaues abhängig zu sein, sind Veränderungen der Regelungseffizienz und deren Auslöser zum Gegenstand einer gezielten Kontrolle zu machen".[1)]

Dies ist allein auch deswegen erforderlich, um in Hinblick auf die Verantwortung und Beeinflußbarkeit von Ursachen für Abweichungen und die Beherrschbarkeit der Abweichungen selbst eine geordnete, objektivierte Diskussion zwischen den Systemmitgliedern zu ermöglichen.

Die bisherigen Überlegungen in Theorie und Praxis konzentrieren sich vor allem darauf, durch eine rollierende Überprüfung der organisatorischen Regelungen Bedrohungen und damit negative Abweichungen zu neutralisieren. Zu wenig wird bisher darüber nachgedacht, inwieweit Vorsorge getroffen ist, sich unerwartet abzeichnende Chancen innerhalb der Austauschbeziehungen nutzen zu können. Durch Maßnahmen der Anpassung und Vorbereitung kann gegenüber den Konkurrenten ein zeitlicher Vorsprung erzielt werden, der als wichtiger Faktor des wirtschaftlichen Erfolges anzusehen ist.[2)] Das ist im Hinblick auf drohende Umweltveränderungen bereits eine wesentliche Aussage. Um wie viel größer dürfte der Effekt sein, wenn sich chanceneröffnende Umweltveränderungen ergeben. Das führt von Überlegungen eines abgesicherten Corporate Development zu Überlegungen eines zusätzlich verbesserten Corporate Development.

---

1) KREIKEBAUM 1975, S. 74.

2) Vgl. KREIKEBAUM 1975, S. 136.

2. Ein Zentralbereich Unternehmensentwicklung als möglicher Bestandteil des Systems der strategischen Planung

Die bisherigen allgemeinen Überlegungen und Untersuchungen zur Organisationstheorie haben - aus Gründen entweder der Vereinfachung oder fehlender praktischer Ansätze - unterstellt, daß die Unternehmung notwendige Änderungen oder Anpassungen im Bereich organisatorischer Regelungen, wenn schon nicht simultan zur Verursachung so aber doch mit unendlich großer Reaktionsgeschwindigkeit vollziehen würde.[1] Um den tatsächlich gegebenen Zeitfaktor berücksichtigen zu können, war und ist es notwendig, sich mit den Hintergründen für nachlassende Regelungseffizienzen und den Möglichkeiten der Anpassung zu befassen. Beides zusammen kann als Objekt der dynamischen Theorie der Organisation bezeichnet werden.[2]

Da die rechtzeitige und vor allem sachgerechte Anpassung organisatorischer Regelungen zu einem Bestimmungsfaktor für die Wettbewerbsposition der Unternehmung von morgen werden kann, ergibt sich ein weiterer Aspekt für eine dynamische Theorie der Organisation. Die Aufgabenstellung der Kontrolle sowie der Ausführungsveranlassung muß dann, wie alle anderen Aktivitäten, die der Stabilisierung und Verbesserung der Wettbewerbsposition (en) dienen, in dem jeweils gültigen Organisationsmodell strukturverträglich untergebracht werden. Die dynamische Anpassung der Unternehmensorganisation ist wegen ihres engen Zusammenhangs mit der strategischen Planung und der Unternehmensentwicklung eine gleichermaßen ureigene Aufgabe der Unternehmensleitung. Gleichwohl muß die operative Durchführung der Aufgabe im Rahmen des Systems der strategischen Planung sichergestellt sein.

Wenn mit der Einrichtung eines Zentralbereiches Unternehmensentwicklung Möglichkeiten eröffnet werden, Zielabweichungen zu

---

1) Vgl. KREIKEBAUM 1975, S. 136

2) Ebenda, S. 137.

verhindern oder zu reduzieren, ergeben sich zwei Optionen. Da Zielabweichungen auch in Regelungsineffizienzen begründet sein können, übernimmt ein solcher Zentralbereich zugleich die Aufgabenstellung der oben genannten Art. Es ist aber auch möglich, daß die Ergebnisse der spezifischen Aufgabenstellungen eines solchen Zentralbereiches bei den einzelnen Unternehmensbereichen bereits die selbständige laufende Kontrolle der Geltungsdauer organisatorischer Regelungen zielgerichtet auslösen.

Aus naheliegenden Gründen ist es im Interesse einer Unternehmung, mit einem Organisationsmodell und wesentlichen organisatorischen Regelungen von hoher Geltungsdauer zu leben. Die Einrichtung eines Zentralbereiches Unternehmensentwicklung muß daher das Ziel haben, die Geltungsdauer des bestehenden (Matrix-) Modells insgesamt zu verlängern und damit den Beitrag der Gesamtunternehmensorganisation zur Potentialveränderung zu erhalten. Wenn gleichzeitig die Arbeitsergebnisse des Zentralbereiches bewirken, daß einzelne organisatorische Regelungen in ihrem spezifischen Beitrag zur Potentialveränderung laufend und rechtzeitig angepasst werden, so könnte die Einrichtung eines Zentralbereiches Unternehmensentwicklung in doppelter Hinsicht als ein integraler Bestandteil eines Systems der strategischen Unternehmensgesamtplanung gesehen werden.[1)]

---

1) Vgl. auch S. 181-183.

Zweiter Teil

MÖGLICHKEITEN EINES ABGESICHERTEN UND VERBESSERTEN CORPORATE DEVELOPMENT OHNE EINEN ZENTRALBEREICH UNTERNEHMENSENTWICKLUNG

A. Vorbemerkungen zum Matrixmodell

Bei einer "Umgestaltung der Organisation sollen nicht nur bereits offensichtliche Mängel behoben, sondern, was noch wichtiger ist, es soll die Leistungsfähigkeit für die Bewältigung zukünftiger Aufgaben gesteigert werden".[1] Diese Berücksichtigung zukünftig wirksamer Fähigkeitspotentiale führt dazu, daß sich zunächst eine Art von Überbevorratung an Organisationsstruktur ergibt. Dieser Überschuß wird abgebaut in dem Maße, wie die Unternehmung in höherwertigere Problemlösungen hineinwächst.[2]

Wenn dieser Überschuß aufgebraucht ist, kann sich die Frage einer Neuorganisation oder zumindest der Substitution wesentlicher organisatorischer Einzelregelungen ergeben. Diese Frage wird sich bei einer mehrdimensionalen Organisationsform wie dem Matrixmodell möglicherweise seltener stellen, weil diese Organisationsform einen besonderen Vorteil ausspielen kann. Mehrdimensionale Organisationsmodelle haben ein höheres Integrationspotential, das zwar zunächst mit einem gegenüber anderen Modellen durchaus höheren Investitionsbedarf und höheren laufenden Kosten verbunden sein kann.[3] Diese Vorleistung der Unternehmung wird (aber) ab dem Moment amortisiert, wenn schwierigere, integrationsbedürftige Problemstellungen aus den Austauschbeziehungen auf die Unternehmung zukommen.

Die höherwertigeren Problemstellungen werden aufgrund der erschwerten Umweltbedingungen auch in Zukunft weiter zunehmen.

1) HILL/FEHLBAUM/ULRICH 1974, S. 485.
2) Vgl. BLEICHER 1979, S. 60.
3) Ebenda, S. 101.

Das mehrdimensionale Modell braucht bei sachgerecht weitergeführter Anpassung und Ergänzung - mit dem Ergebnis eines neuen organisatorischen Überschusses - generell nicht durch ein anderes Organisationsmodell abgelöst zu werden.[1] Die Entscheidung für das mehrdimensionale Modell etwa in Form der Matrixorganisation zu einem Zeitpunkt, als der Wettbewerb für sich die Notwendigkeit noch nicht erkannte oder wegen des höheren Investitionsbedarfes noch zögerte, kann sich als ein Vorteil herausstellen, der vom Wettbewerb nur schwer aufzuholen ist.

Gleichwohl müssen auch in einem Matrixmodell die Regelungseffizienzen einer laufenden Kontrolle unterzogen werden. Die Wettbewerbsposition ist nur zu verteidigen oder weiter auszubauen, wenn auch der Erfüllungsgrad des Erfolgsfaktors Unternehmensorganisation ständig überprüft wird.

B. Strukturorganisatorische Korrekturen

I. Divisionalisierung bisher als Zentralbereiche geführter Unternehmensfunktionen

Im Rahmen der Divisionalisierung einer Unternehmung werden produkt-/marktbezogen alle jeweils relevanten Funktionen zusammengefaßt, wodurch eine eindeutige produkt-/marktbezogene und zugleich ergebnismässige Verantwortung begründet werden kann. Konsequenterweise gehört die produktbezogene Fertigung mit zu einem Unternehmensbereich oder einer Sparte. Gleiches gilt für die Materialwirtschaft, soweit sie nicht ohnehin schon der Fertigung zugeordnet ist. Mit Anteilen von ca. 50% für das Material und ca. 15% für den Fertigungslohn ergibt sich ein Kostenblock von bis zu 65%, der nur dann der ergebnisverantwortlichen Führung durch den Leiter eines Unternehmensbereiches oder einer Sparte (noch) nicht zugeordnet ist, wenn gewichtige Gründe dafür sprechen.

---

1) Vgl. BLEICHER 1981, S. 125.

Oft sind Fertigungsstrukturen, insbesondere an Hauptstandorten, historisch gewachsen. Bei technologisch ähnlichen Produkten werden im Vorfeld oft die gleichen Bearbeitungszentren oder Gemischtfertigungen verwendet,[1)] so daß eine Produktorientierung erst bei den Montagebereichen beginnen würde. Daher haben viele Unternehmungen vor der Divisionalisierung auch der Fertigung zunächst noch zurückgeschreckt. Solange ein praktikables Verrechnungspreissystem geschaffen werden kann, ist zumindest im Einstieg diese Einbuße an Führungszuständigkeit tolerierbar. Im Laufe der Zeit stellt sich jedoch heraus, daß beispielsweise die gleiche fertigungstechnologische Bearbeitung im Hinblick auf Kosten oder Qualität nicht mehr für alle Produkte gleichermaßen angemessen ist. Im Rahmen sich verändernder Austauschbeziehungen mag sich ergeben, daß verschiedene Sparten auf Kundensonderwünsche und bezüglich Terminzusagen zukünftig flexibler reagieren müssen. Diese Veränderungen lassen es daher zweckmässig erscheinen, beispielsweise wenigstens die Endausrüstung, die Endmontage und den Versand zukünftig produktorientiert zuzuordnen. Bei einer umfassenden Divisionalisierung der Fertigung könnten die einzelnen Unternehmensbereiche oder Sparten im Rahmen der Ersatzinvestitionen dann differenzierte und mit der Kostensituation kompatible(re) Fertigungstechnologien realisieren.

In jedem Fall ist die Divisionalisierung der Fertigung ein einschneidender Strukturvorgang, der zu erheblichen Einmalkosten und auch zu Folgekosten führen kann. Auch sind wesentliche Veränderungen ablauforganisatorischer Art damit verbunden. Wird die Fertigung divisionalisiert und war die Materialwirtschaft noch nicht der Fertigung zugeordnet, so sollte dann auch die Materialwirtschaft im Hinblick auf den außerordentlich hohen Gesamtkostenblock produktorientiert zugeordnet werden.

Vielfach ergeben sich zu einem späteren Zeitpunkt Überlegungen, auch den Zentralbereich Finanzen in vertretbarer Form zu divi-

---

1) Vgl. HILL/FEHLBAUM/ULRICH 1974, S. 525.

sionalisieren. Die Unterschiede in der Art des Geschäfts der einzelnen Unternehmensbereiche können grösser geworden sein. Die Bandbreite reicht von typisierten Seriengeschäften bis zu Einzel- und Anlagengeschäften. Die Anteile von Inlands- und Auslandsgeschäft können sich erheblich verschoben haben, so daß einzelne Unternehmensbereiche sehr viel mehr als andere auf hervorragende Exportfinanzierungen und internationale Verbundfinanzierungen angewiesen sind. Ein erster Schritt in Richtung einer Divisionalisierung, der die Ergebnisverantwortung zusätzlich unterstützt, kann darin bestehen, daß die Unternehmensbereiche vor Ort operative Finanzreferenten erhalten. Diese definieren flexibel und unmittelbar am Vorgang orientiert das "Was"; das "Wie" verbleibt bei dem zentralen Finanzwesen im Sinne eines Clearing.

Wertanalyse, "ein Verfahren, das zu einem Faktor unserer Wirtschaft geworden ist",[1] wird in vielen matrixorganisierten Unternehmungen zentral wahrgenommen. Das hängt damit zusammen, daß Spezialisten erforderlich sind und nicht in allen Unternehmensbereichen kontinuierlich gleiche wertanalytische Bedarfe bestehen. Andererseits können sich Warteschlangenprobleme ergeben, wenn die zentralen Kapazitäten verplant sind und akute Bedarfe in einem Unternehmensbereich entstehen. Richtig konzipierte Wertanalyse setzt aber bereits in den Konstruktionsbereichen an, so daß dieser Teil der Aufgabenstellung beim Übergang in die Matrixorganisation schon strukturorganisatorisch richtig zugeordnet sein würde. Bei einer Divisionalisierung von Fertigung und Materialwirtschaft ergibt sich dann auch eine divisionale Zuordnung der auf diese Bereiche entfallenden Aspekte der Wertanalyse.

---

1) HANKE 1981, S. 5; vgl. auch KRALJIC/ROEVER, 1984.

II. Zentralisierung bisher divisionalisierter Unternehmensfunktionen

In den vorgenannten Beispielen hatte es sich als Nachteil gezeigt, daß die Divisionalisierung bestimmter Funktionen (noch) nicht vollzogen worden war oder insgesamt zu zögerlich behandelt wurde. Jetzt sollen beispielhaft Fälle angesprochen werden, für die sich der ursprüngliche Umfang an Divisionalisierung als letztlich doch nicht oder nicht mehr zweckmässig erscheint. Die Divisionalisierung kann sich als zu kostenaufwendig herausstellen. Möglicherweise wurde auch keine Lösung gesehen, wie neben den Vorteilen der Divisionalisierung zugleich bestimmte Notwendigkeiten der Harmonisation zwischen den einzelnen Unternehmensbereichen, etwa durch eine Art Zwischensystem,[1] berücksichtigt werden können. Es kann sich aber auch als sinnvoll erweisen, unabhängig von Kostengesichtspunkten in Übereinstimmung mit allen Systemmitgliedern eine Funktion zukünftig deswegen zentral zu führen, weil nur so eine besonders zuverlässige Absicherung oder gerade auch eine zusätzliche Verbesserung des Corporate Development zu erwarten ist.

Im Rahmen der Divisionalisierung wurde neben der Fertigung aus den oben genannten Gründen auch die Materialwirtschaft divisional zugeordnet. Es wurde jedoch übersehen, daß dabei bestimmte Vorteile zentraler Einkaufsaktivitäten verloren gehen können. Die starke Einkäuferposition als Gesamtunternehmung bei Teilelieferanten, bei denen für verschiedene Unternehmensbereiche bezogen wird, kann in Frage gestellt sein.[2] Auch der Vorteil einer zentralen, umfassend und international ausgerichteten Einkaufsmarktforschung kann sich verlieren. Daraus kann der Vorschlag resultieren, die Materialwirtschaft zwar divisionalisiert zu belassen, jedoch bestimmte beschaffungsstrategische Aktivitäten als Dienstleistung zukünftig (wieder) zentral zu führen.[3]

1) Vgl. BLEICHER 1979, S. 78-85.

2) Vgl. auch DORLOFF, 1983, S. 4.

3) Vgl. BLEICHER 1981, S. 100.

Ähnliche Situationen können sich nach der Divisionalisierung von Aktivitäten der Grundlagenforschung, der Vorentwicklung(en) oder der technischen Berechnungsabteilungen einschliesslich ihrer aufwendigen Einrichtungen ergeben.[1] Es kann zunehmend als nachteilig empfunden werden, daß die früher kostengünstige(re) Durchführung von Aufgaben durch Poolung entfallen ist. Auch die entwicklungstechnischen Informationsaustausche sind zwischen den einzelnen Unternehmensbereichen nicht zwangsläufig sichergestellt. Grundsätzlich gelten ähnliche Aspekte auch für den Fertigungsbereich. Hier kann es den Aspekt der Kapazitätsaustausche betreffen, aber nicht weniger auch Gesichtspunkte zu Werkstoffragen.

Auch die neuesten Überlegungen zur Steigerung der Wirtschaftlichkeit durch Einsatz von CAE-Systemen lassen trotz späterer divisionaler Individualität der Lösungen eine zunächst zentrale Bearbeitung des Komplexes sinnvoll erscheinen, zumal diese strategische Aufgabenstellung einen mehrjährigen Umfang haben würde.[2] Das Gesamtoptimum ist gegen Teiloptima auszubalancieren.[3]

III. Kriterien für eine Divisionalisierung oder Zentralisierung

Die Notwendigkeit, strukturorganisatorische Lösungen nachzubessern, ist in der Regel das Ergebnis von Erfahrungen. Da Korrekturen, insbesondere im Falle zusätzlicher Divisionalisierung, aus den dargestellten Gründen einschneidende Maßnahmen darstellen können, muß zuvor unzweifelhaft feststehen, daß Beeinträchtigungen des Corporate Development ihre Ursache in Unzulänglichkeiten der bestehenden strukturorganisatorischen Lösung haben. Darüber hinaus muß eindeutig sein, daß andere Maßnahmen nicht möglich sind oder keine vergleichbaren Vorteile ergeben.

---

1) Vgl. BLEICHER 1981, S. 100.

2) Vgl. MAIER-ROTHE 1985, S. 125-161.

3) Vgl. SCHUBERT 1984, S. 595.

Der Divisionalisierungsgrad innerhalb der bestehenden Matrixorganisation sollte dann erhöht werden, wenn die Unternehmensbereiche den Nachweis führen, daß sowohl die Einmalkosten der Divisionalisierung als auch die Folgekosten durch die erreichbaren Vorteile kompensiert werden. Die Amortisationszeit für die Einmalkosten muß einvernehmlich festgelegt werden.

Im Falle der Fertigung kann die Nachweispflicht ergeben, daß ein bestimmter Umfang an Gemischtfertigung zentralisiert bleiben müßte - beispielsweise Schmiede und Gießerei - oder auch desinvestiert werden könnte. Der zukünftige Fremdbezug verändert den Beschaffungsschlüssel, was durchaus im Interesse der Unternehmung liegen kann.

Die Stückkosten werden sich möglicherweise (noch) nicht kurzfristig reduzieren, da bestimmte overhead-Kosten naturgemäß dupliziert werden. Eine Kostenreduzierung kann sich dann abzeichnen, wenn längerfristig divisional eine stärker als bisher dem Produkt individuell angepaßte Investitionspolitik betrieben wird. Entscheidend ist das Divisionalisierungsziel. Es kann sein, daß nicht eine Kostenreduzierung im Vordergrund steht, sondern die Absicht einer erhöhten Flexibilität. Das Käuferverhalten kann sich der Art und dem Umfang nach deutlich verändert haben. Die Divisionalisierung der Fertigung kann die Verteidigung von Marktanteilen zum Ziel haben bzw. eine Marktanteilssteigerung mit der Folge dann (ohnehin) sinkender Stückkosten.

Die Zentralisierung bisher divisionalisierter Funktionen kann solange gerechtfertigt sein, wie bei vergleichsweise günstigerem Arbeitsergebnis die anschließend im Umlageverfahren wieder zugeordneten Aufwendungen nicht höher sind als ein vorher divisional durchgeführter Aufwand. Ein höherer Umlagebetrag kann dann in Betracht kommen, wenn er aus einer von allen Systemmitgliedern gewünschten ungleich höheren Intensität der Aufgabenstellung resultiert als es den einzelnen Mitgliedern divisional möglich gewesen wäre. Es kann sich beispielsweise um forcierte Aktivitäten zur Werkstofftechnik oder deutlich erhöhte Bemühungen um Diversifikation handeln. Der höhere Aufwand kann durch eine anschliessend beschleunigte Unternehmensentwicklung der einzelnen Unternehmensbereiche verhältnismäßig schnell und zeitlich überschaubar kompensiert werden.

IV. Flankierende Ergänzungen

Jede strukturorganisatorische Korrektur ist im Sinne einer Nachbesserung von Regelungseffizienzen zu verstehen. Jede Nachbesserung in Form von Divisionalisierung oder Zentralisierung innerhalb einer bestehenden Matrixorganisation muß ein neues Optimum zwischen Vor- und Nachteilen suchen. Dabei dürfen die Vorteile der Vorgängerlösungen nicht verloren gehen. Diese Forderung wird bei strukturorganisatorischen Korrekturen erfahrungsgemäß zu wenig beachtet.

Die bisher zentrale Führung der Fertigung hatte zwar den Nachteil einer eingeschränkten direkten Produktverantwortung der Unternehmensbereiche und Sparten, aber den (gewollten) Vorteil beispielsweise einer unmittelbaren Steuerung von Kapazitätshöhen und -tiefen. Der sach- und zeitgerechte Kapazitätsausgleich kann ein wichtiges Regularium im Rahmen eines abgesicherten Corporate Development sein. Die Entscheidung zur Divisionalisierung mag sich nun insbesondere im Hinblick auf höhere unternehmensbereichsbezogene Flexibilität ergeben. Die veränderten Austauschbeziehungen erfordern höhere Variantenvielfalt bei unveränderter oder sogar verbesserter Lieferfähigkeit. Diese Forderung erzwingt zunächst strategische Überlegungen zu einer vorteilhaften - die Wirtschaftlichkeit und die Austauschbeziehungen gleichermaßen berücksichtigenden - Erzeugnisgliederung.[1] Für die Fertigungsstrategie bedeutet diese Entwicklung ein grundsätzliches Überdenken der zukünftig anzuwendenden Produk-

---

1) Vgl. SCHALLER 1980, S. 21-44 und S. 81-116.

tionstechnologien beispielsweise in Richtung flexibler Fertigungssysteme.[1] Wenn der bisherige Vorteil erhalten bleiben soll, im Interesse der Gesamtunternehmung und der Unternehmensgesamtentwicklung auch weiterhin etwa Technologie- und Kapazitätsaustausche zu ermöglichen, müßte eine Institution zur Harmonisation[2] unterschiedlicher Interessen und Sachzwänge vorgesehen werden. Jährliche Investitionskonferenzen sind beispielsweise eine Möglichkeit, die einzelnen Unternehmensbereiche in großen diversifizierten Unternehmungen untereinander informiert zu halten, ihre mittel- und langfristigen Wünsche oder Forderungen zu erfahren und allen Unternehmensbereichen Chancen für Elastizitäten zu erhalten.[3]

Ähnliche Harmonisationsebenen kann es für die Funktionen Einkauf oder Grundlagenentwicklung geben. Eine der Hauptaufgaben einer zentralen Materialwirtschaft oder eines zentralen Einkaufs ist die Beobachtung und Analyse der generellen Lieferantenstruktur. Die Umsetzung beispielsweise werkstoff- und verfahrensrelevanter Entwicklungen auf der Lieferantenseite sowie die Entwicklung der Lieferantenstruktur im internationalen Vergleich sind von großer strategischer Bedeutung für die Unternehmensbereiche wie für die Gesamtunternehmung. Bei einer Divisionalisierung der Materialwirtschaft muß dieser Gesichtspunkt mehr als zuvor beachtet werden.

Wenn bisher divisionalisierte Funktionen in Übereinstimmung mit allen Systemmitgliedern zukünftig zentral wahrgenommen werden, so ist zwischen allen nachfragenden Bereichen und der ausführenden Institution ein klares Leistungs- und Erstattungsverfahren zu vereinbaren. Der bisherige Vorteil einer direkten divisionalen Verfügbarkeit geht naturgemäß verloren. Dieser Nachteil muß

---

1) Vgl. LIEBE 1983, S. 5-8.

2) Vgl. BLEICHER 1979, S. 78-85;
HILL/FEHLMANN/ULRICH 1974, S. 529-530.

3) Vgl. BLEICHER 1981, S. 450.

dadurch abgeschwächt werden, daß zwischen allen Beteiligten beispielsweise jährlich ein Vorgehensplan erarbeitet wird, der im Laufe des Wirtschaftsjahres nach Prioritäten noch korrigiert werden kann. Je nach der konkreten Funktion, die zukünftig zentral wahrgenommen wird, muß ein Weg gefunden werden, der eine Art operativen Zugriff vergleichsweise noch zuläßt.[1)]

C. Zentrale Behandlung zukünftig strategisch bedeutsamer Gegenstandsbereiche

I. Gesamtunternehmensrelevante Methoden und Systeme

Die dieser Arbeit zugrunde liegende idealtypische Unternehmung verfügt über eine strategische Unternehmensplanung. Diese kann entweder nur zentral oder nur divisional durchgeführt werden oder sowohl zentral als auch divisional.

Beeinträchtigungen des Corporate Development durch Zielabweichungen können ihre Ursache darin haben, daß die einzelnen Unternehmensbereiche mit qualitativ unterschiedlichen Diagnose- und Entscheidungshilfen als Instrument strategischer Planung arbeiten. Während zum Zeitpunkt der Einführung eines Systems der strategischen Planung noch alle Unternehmensbereiche mit dem gleichen Instrumentarium begannen, kann sich aus verschiedenen Gründen über die Zeit ein qualitatives Gefälle ergeben. Was sich innerhalb einer Gesamtunternehmung entwickeln kann, ist aber auch im Verhältnis einer Unternehmung zu ihren Wettbewerbern möglich. Die Unternehmung insgesamt mag zwar mit einem einheitlichen Instrumentarium arbeiten, aber im Vergleich zum Wettbewerb mit bereits überholten Diagnose- und Entscheidungshilfen.

Die bekannten Instrumente und Methoden der strategischen Planung sind zunächst vor dem Hintergrund eines rein quantitativen

---

1) Vgl. auch S. 84-85.

Wachstums entwickelt worden.[1] So werden beispielsweise mit der Portfoliomethode vor allem quantitative Veränderungen zwischen Marktanteilen, Wachstumsraten und anderen Größen erfaßt.[2] Für die idealtypische Unternehmung insgesamt wie auch für den Wettbewerb mag die hauptsächliche Anwendung dieser Methode zu Beginn der strategischen Planung zutreffend gewesen sein. Inzwischen ist diese Methode unter Berücksichtigung deutlich reduzierter quantitativer Entwicklungen und qualitativer Veränderungen weiterentwickelt worden. Volumengeschäfte, fragmentierte und spezialisierte Geschäfte sowie Geschäfte im Patt sind heute zu unterscheiden[3] und die strategischen Reaktionen dementsprechend zu differenzieren. Das Technologie-Portfolio ist heute ein entscheidender Ansatz,[4] wenngleich man den Fehler der Markt-Portfolioanwendung nun nicht wiederholen darf und das Technologie-Portfolio als alleiniges Planungsinstrument überlastet.[5] Das Verfahren der Technologiefolgenbewertung ist eine weitere Ergänzung der Diagnose- und Entscheidungshilfen, das möglicherweise in den einzelnen Unternehmensbereichen zwar bekannt ist, in der Anwendung aber noch Schwierigkeiten bereitet. Hier handelt es sich um ein Instrument, das vor allem auch den qualitativen Veränderungen innerhalb der Austauschbeziehungen Rechnung trägt. Die Berücksichtigung gesellschaftlich-ökologischer Aspekte führt nicht nur zu neuen Instrumenten, sondern möglicherweise zu einem Überdenken des Systems der strategischen Planung insgesamt.[6]

Möglicherweise kommt auch dem Umstand zu wenig Aufmerksamkeit zu, daß sich die Struktur der Erfolgsfaktoren ändert bzw. sich ihre Prioritäten verändern. Das Technologie-Portfolio ist ein

---

1) Vgl. KREIKEBAUM 1981, S. 119.

2) Ebenda.

3) Vgl. OETINGER 1982; BOSTON CONSULTING GROUP 1982.

4) Vgl. SOMMERLATTE/DESCHAMPS 1985, S. 39-75.

5) Vgl. PFEIFFER/SCHNEIDER/DÖGL 1985.

6) Vgl. KREIKEBAUM 1981, S. 151-163.

Beispiel dafür. So werden knappe Ressourcen gegebenenfalls nach wie vor Erfolgsfaktoren zugewiesen, die in ihrer Bedeutung für ein abgesichertes Corporate Development zurückgefallen sein können.

Mit der Einführung einer strategischen Planung muß deshalb unter dem Gesichtspunkt des jeweils aktuellen Anwendungsbezuges eine Dokumentation auch der Methoden einhergehen, etwa in Form von Planungshandbüchern.[1] Die Dokumentation dient dem Zweck einer Überwachung und vor allem der geordneten Weiterentwicklung des bestehenden Planungssystems.[2] Andernfalls werden auch Vergleiche mit den Planungssystemen der Konkurrenten und deren Erfahrungen mit bestimmten Instrumenten immer nur ex post möglich sein.[3]

Bei Defiziten an Corporate Development kann die Ursache in verschiedenen Schwachstellen der Ausgestaltung und der Pflege des Instrumentariums begründet sein. Die zentrale strategische Planung kann ihre darauf bezogene Aufgabenstellung nicht sorgfältig genug wahrgenommen haben. Möglicherweise ist ihr Aufgabengebiet zukünftig um diesen Aspekt erst noch zu präzisieren. Auch kann eine Konsequenz darin bestehen, zukünftig neben divisionalen strategischen Planungen eine zentrale strategische Planung einzurichten,[4] die sich gerade auch mit der Systematisierung der Methoden sowie mit den Abhängigkeiten der Methoden untereinander befaßt und auch die Festlegung einheitlicher Begriffe für die zu planenden Größen trifft.

Grundsätzlich gilt Gleiches auch für ein Frühwarn- oder Früherkennungssystem. Die Pflege des strategischen Planungsinstrumentariums gehört ohnehin dazu, denn neue Methoden und Verfahren

---

1) Vgl. KREIKEBAUM 1981, S. 94.

2) Ebenda, S. 95.

3) Ebenda, S. 49.

4) Vgl. BLEICHER 1981, S. 51.

sind immer auch das Ergebnis veränderter Bedrohungssituationen. Darüber hinaus ändern Indikatoren für Abweichungen über die Zeit ihre Relevanz. Dementsprechend verändern sich auch die Abhängigkeiten zwischen den Indikatoren. Das interne Frühwarnsystem ist wesentlicher Bestandteil eines Zentralbereiches Controlling. Soweit das auf die Umsysteme gerichtete Frühwarnsystem angesprochen ist, gibt es Indikatoren, die divisional wahrgenommen und umgesetzt werden können. Bestimmte Indikatoren wie internationale Zinsentwicklungen, Devisensituationen, politische Entwicklungen, Rohstoffsituation usw. lassen sich aber besser zentral aufnehmen. Wichtig ist die Verknüpfung von zentralen und divisionalen Radaren sowie das Management von Auswirkungsanalysen und veranlassenden Korrekturen im Hinblick auf ein rechtzeitig abgesichertes Corporate Development. Insoweit bedeutet ein Frühwarnsystem, Handlungsspielraum gegenüber Bedrohungen zu bewahren.[1] Der Handlungsspielraum hängt wesentlich davon ab, daß Signale und Indikatoren rechtzeitig erkannt, bezüglich ihrer Realität zutreffend bewertet und ihr wahrscheinliches Ausmaß für die Gesamtunternehmung oder für einzelne Unternehmensbereiche richtig abgeschätzt werden. Diese Aufgabenstellung kann möglicherweise nur zentral wahrgenommen werden, wobei die Unternehmensbereiche ihre Anforderungen an Art und Umfang dieses Systems nennen müssen.

II. Bereichsübergreifende Aktivitäten zur gezielten Reduzierung von Bedrohungen und Verwundbarkeiten

Wenn von Abweichungen und ihren Ursachen im Zusammenhang mit Defiziten an Unternehmensentwicklung gesprochen wird, ist mit anderen Worten von Bedrohungen und Verwundbarkeiten[2] die Rede. Die Bedrohung kann zur Ursache von Abweichungen werden. Die Unternehmung muß deshalb versuchen, die Bedrohung rechtzeitig abzuwehren. Gelingt dies nicht, muß versucht werden, die drohende

1) Vgl. BUSSE 1985, S. 166-168.

2) Zu den Begriffen: Vgl. u.a. BUSSE 1985, S. 165 ff; ANSOFF 1976, S. 129-152.

Zielabweichung aufzufangen. In dem Maße, wie das gelingt oder nicht gelingt, ist die Unternehmung mehr oder weniger verwundbar. Die Verwundbarkeit einer Unternehmung ist somit einerseits durch den Handlungsspielraum gegenüber Bedrohungen definiert und andererseits durch die Reaktionsfähigkeit ihres Systems. Die Ausführungen bezüglich strukturorganisatorischer Korrekturen sowie die Ausführungen des letzten Kapitels haben sich mit den angeführten Beispielen darauf konzentriert, Möglichkeiten aufzuzeigen, wie die auf die Reduzierung von Bedrohungen und Verwundbarkeiten bereits ausgerichteten Aspekte (noch) nachgebessert oder präzisiert werden können.

Die Analyse des Verwundbarkeitsgrades einer Unternehmung im ganzen oder ihrer Unternehmensbereiche im einzelnen sowie die Umsetzung verwundbarkeitsreduzierender Maßnahmen sind eine permanente Aufgabenstellung. Die Betonung bei den Beispielen und Überlegungen dieses Kapitels liegt darauf, den Vorbereitungsgrad der Unternehmung gegenüber Bedrohungen aktiv und zielgerichtet insgesamt zu erhöhen. Die Schritte und Maßnahmen, die dafür angebracht erscheinen, können von den Unternehmensbereichen bottom-up durchaus schon angestossen worden sein oder sie werden top-down, beispielsweise auch als Ergebnis des Frühwarnsystems, initiiert. In jedem Fall soll das Ergebnis bereichsübergreifende Wirkung haben. Damit wird zugleich deutlich, daß es sich nur um zentral wahrzunehmende Aufgabenstellungen handeln kann. Bei den nachfolgenden Beispielen handelt es sich um unternehmensindividuell mögliche Problembereiche. Für ihre konkrete organisatorische Lösung müssen jeweils spezifische Einzelkriterien entwickelt werden.

Zahlreiche Teilaufgaben in einer Unternehmung werden bisher mehr oder weniger nur verwaltend wahrgenommen, weil sie keine direkten geschäftsfeldbezogenen Erfolgsfaktoren darstellen. So waren bis Mitte der siebziger Jahre die Märkte weltweit in der Regel offene Märkte. Zahlreiche Märkte sind inzwischen zu geschlossenen Märkten geworden. Für weitere, insbesondere für die deutsche Maschinenbauindustrie wichtige Volumenmärkte, zeichnet sich verstärkt diese Entwicklung ab. Damit wird die Lizenzpolitik einer Unternehmung zu einer strategisch völlig neu zu definierenden Aufgabenstellung. Früher konnten Wünsche der sogenannten Drittländer auf Lizenznahmen letztlich doch immer wieder auf Direktlieferungen oder zumindest auf sogenannte Zerlegtlieferungen (mit nationaler Endmontage) umgelenkt werden. Heute zwingen Devisensituation und nationale Arbeitsbeschaffungs- sowie Technologieprogramme dazu, entweder Lizenzfertigungen aufzunehmen oder sogar eigene Produkte zu entwickeln. Die Alternative für die lizenzgebende Unternehmung ist in der Regel nur der totale Verlust des Marktes. Da sich bei einer Lizenzvergabe noch für viele Jahre Zulieferungen zumindest von Schlüsselteilen ergeben, ist es wichtig, im Rahmen der Lizenzstrategie diese Teile auf der Basis des eigenen Technologie-Portfolios sorgfältig zu bestimmen. Es ist von großer Bedeutung, ob Teile lizenziert werden, die nur noch Basistechnologien beinhalten oder Schlüsseltechnologien oder sogar Schrittmachertechnologien.[1)] Um wenigstens die Chance der Teilezulieferung zu erhalten, müssen Lizenzvergaben aufgrund der Konkurrenzsituation heute sogar aktiv betrieben werden.

Ein ähnlich institutionalisiertes Verhalten ist mehr denn je auf dem Gebiet des Patentwesens erforderlich. Als Ergebnis der Analyse des Technologie-Portfolios muß möglicherweise die eigene Technologie-Position aufgefüllt werden, entweder durch eigene Technologieprogramme oder durch Aufkauf von Patenten, Verfahren oder ganzen Unternehmungen. Nur so ist wiederum die Lizenzfähigkeit zu bewahren, um auch Nachfolgelizenzen vergeben zu können.

Die oben angesprochene Lizenzstrategie stellt letztlich einen Vertriebsweg besonderer Art dar. Wenn die Patentstrategie u.a. das Ziel hat, Eintrittsbarrieren für Konkurrenten zu errichten dient sie langfristig auch der Absicherung dieses Vertriebsweges

1) Vgl. SOMMERLATTE/DESCHAMPS 1985, S. 48-56.

besonderer Art. Dieses Junktim sollte in großen, diversifizierten und internationalisierten Unternehmungen immer mehr Beachtung finden.

Diversifikation wurde wie der Weg in die totale Divisionalisierung lange Zeit nur im Hinblick auf vorhergesagte oder vermutete Chancen, nicht aber auch bezüglich der Risiken eingeschätzt. Diversifikation galt als besonders schneller Weg des Wachstums oder der Cash-Generierung. Die Risiken wurden vielfach nicht gesehen oder waren nicht bekannt. Sie traten zutage, als sich die Unternehmungen im Zusammenhang mit den Verwerfungen der siebziger Jahre vor allem über ihre Technologie-Position(en) im klaren wurden. In vielen Fällen waren diversifizierend Unternehmungen aufgekauft worden, die sich überwiegend auf Basistechnologien und möglicherweise marginal auch auf Schlüsseltechnologien abstützten.

Unter dem Gesichtspunkt des Lebenskurvenkonzeptes wurde (später) festgestellt, daß Schrittmachertechnologien jedoch fehlten. Damit waren über kurz oder lang große Volumengeschäfte, die längerfristig unter Cash-Gesichtspunkten akquiriert worden waren, in hohem Maße gefährdet. Auch stellte es sich für das Corporate Development oft als eher bedenklich heraus, daß sich bei den Akquisitionen technologisch keinerlei Verwandtschaften ergaben. Im Rahmen der Konsolidierung der Unternehmungen trat daher die Diversifikation zunächst wieder in den Hintergrund.

Inzwischen schrumpfen Märkte oder Marktsegmente bei gleichzeitig erhöhter Zahl an Wettbewerbern. Lizenznehmende Drittländer treten zusätzlich als Anbieter am Weltmarkt auf, um ihre Devisenbilanz zu entlasten. Auf quantitative Potentialveränderungen ausgerichtetes Corporate Development wird zunehmend fraglich. Qualitative Merkmale treten in den Vordergrund, um das erreichte Corporate Development zunächst einmal abzusichern. Diversifikation nunmehr im Verbund von Markt- und Technologieportfolien bekommt einen neuen strategischen Stellenwert. Im

Rahmen von Kooperationen sollte aus Risikogründen zukünftig stärker gleichzeitig auch auf Diversifikation geachtet werden. Diversifikation und Kooperation zusammen ergeben damit einen Ansatz für neue Markterschliessungen.

Unter dem Gesichtspunkt der Synergienutzung müssen in den Unternehmungen heute die Technologien identifiziert werden, die für mehr als einen Unternehmensbereich oder eine Sparte Bedeutung haben können.[1)] Bei der Diversifikation im allgemeinen wie im Verbund aus Diversifikation und Kooperation im besonderen muß darauf geachtet werden, daß gerade auch in matrixorganisierten Unternehmungen eine solche Mehrfach-Wirkung erreicht wird.

Für die bisher angeführten Aspekte Lizenzen, Patente, Diversifikation und Kooperation gilt, daß sie zum einen in einem inneren Zusammenhang gesehen werden können, der je nach Ausgestaltung eine multiplikative Wirkung auslösen kann. Zum anderen wird deutlich, daß diese Aspekte entweder ergänzend zu den bisherigen kritischen Erfolgsfaktoren hinzukommen oder bisherige Faktoren in ihrer Bedeutung zurückdrängen. Das kommt auf die jeweilige Situation einer konkreten Unternehmung an.

In dem Maße, wie neue Erfolgsfaktoren hinzukommen können, muß gleichermaßen beachtet werden, ob und wie sich bisher dominante Erfolgsfaktoren in ihren Strukturen und damit auch in ihren Beiträgen für ein abgesichertes Corporate Development möglicherweise geändert haben. So war die Qualitätssicherung immer schon ein wichtiger Faktor der Produktkonkurrenz. Bei einigen Unternehmungen ist dieser Faktor inzwischen aber derart vorrangig geworden, daß im Vorstand oder der Geschäftsführung ein eigener Geschäftsbereich Qualitätssicherung eingerichtet wurde, und zwar durchaus kollisionsfrei mit der bestehenden Strukturorganisation. In einer solchen Unternehmung mag möglicherweise erkannt worden sein, daß die Absicherung des Corporate Development

---

1) Vgl. SOMMERLATTE/DESCHAMPS 1985, S. 68.

zukünftig wesentlich von der optimalen Ausgestaltung und Wahrnehmung gerade dieser Funktion abhängt oder im Vergleich zur Ausgangssituation des Wettbewerbs abhängig gemacht werden kann. In anderen Unternehmungen, die zudem bereits dauerhaft erfolgreich sind - wie BMW - werden (Vorstands-) Geschäftsbereiche für Logistik eingerichtet. Logistik als Instrument der Kostenbeeinflussung bei gleichzeitig größtmöglichen Verfügbarkeiten wird in diesen Unternehmungen offensichtlich als der Aspekt eingestuft, der zukünftig für ein abgesichertes Corporate Development eine besondere Schutzfunktion leistet oder für ein zusätzlich verbessertes Corporate Development die größte Hebelwirkung bedeutet. In Unternehmungen, in denen die Bemühungen gleichermaßen in Richtung Qualitätssicherung und Logistik gehen, sollte sich eine für den Wettbewerb schwerlich angreifbare Verbesserung der Wettbewerbsposition ergeben. Auffallend ist, daß zwei frühere Teilaufgaben, nämlich Qualitätssicherung als eine Teilaufgabe der Fertigung und Konstruktion sowie Logistik als Teilaufgabe etwa der Materialwirtschaft, zu selbständigen, die ganze Unternehmung umfassenden Hauptaufgaben erklärt und innerhalb der gültigen Strukturorganisation institutionalisiert werden, ohne sie selbst in Frage zu stellen.

In den meisten Großunternehmungen gibt es heute im Vorstand oder in der Geschäftsführung einen Zentralbereich Personal- und Sozialwesen. Dennoch stellen viele Unternehmungen heute fest, daß Defizite an Corporate Development ihre Ursachen darin haben können, daß zwischen den Anforderungen, die eine geschäftsfeldbezogene Aufgabe stellt, und den zur Verfügung stehenden Human Ressourcen zunehmend keine Übereinstimmung mehr besteht. Solange es darum ging, im Rahmen quantitativer Veränderungen quantitativ ausreichend Personal zur Verfügung zu stellen, hat der Bereich Personal- und Sozialwesen seine originäre Beschaffungsfunktion zutreffend erfüllt. Heute wird im Rahmen gerade auch qualitativer Veränderungen ein ganz anderer Typus von Mitarbeitern in der Grundlagenforschung, im Vertrieb, in der Fertigung, in der Logistik usw. benötigt. Das Defizit an geeigneten Human Ressourcen hat sich zusätzlich dadurch verschärft, daß im Rahmen von kurzfristig durchaus gerechtfertigten Aktionen der Gemeinkostenwertanalyse zu wenig auf einen möglichen Substanzverlust geachtet wurde.[1] Vielfach haben dabei jüngere Mitarbeiter mit höherem Entwicklungspotential freiwillig die Unternehmung verlassen, was Sozialpläne ersparte und damit kurzfristig Abbau- und Ertragseffekte brachte. Langfristig wurden jedoch beispielsweise F&E-Defizite eingehandelt, die jetzt aufgefüllt werden müssen. Sozialpläne hätten die kostengünstigere Lösung sein können. Die neuen Anforderungen an die Human Ressourcen können letztlich nur in den Unternehmensbereichen selbst - auf der Basis etwa der Technologie-Portfolien - formuliert werden. Dennoch muß überlegt werden, ob und wie die Aufgabenstellung eines Zentralbereiches Personal- und Sozialwesen modifiziert werden kann. Im Einzelfall könnte es dazu führen, diesen Zentralbereich zu divisionalisieren oder zumindest bis auf generelle Servicefunktionen zu reduzieren. Das Betriebsverfassungs- und Mitbestimmungsgesetz setzen hier sicherlich Grenzen. Aber andererseits wurden beide Gesetze eingeführt, als die betriebliche Welt noch weitgehend nur von quantitativen Veränderungen bestimmt war.

Was heute in vielen Unternehmungen mit dem Aspekt der Human Ressourcen ein vorrangiges Thema ist, kann sich morgen mit einem anderen Aspekt ergeben. Um Überraschungen zu vermeiden, sollten die (kritischen) Erfolgsfaktoren einer laufenden Kontrolle unterliegen und zwar einmal hinsichtlich ihres Beitrages selbst und zum anderen hinsichtlich ihrer Verbundwirkung mit anderen Faktoren. Damit ergibt sich die Frage, wie und von wo aus innerhalb eines Systems organisatorischer Regelungen dieses Controlling und der notwendige Anstoß für Maßnahmen erfolgen.

---

1) Vgl. LAUKAMM/WALSH 1985, S. 81.

III. Kriterien für eine zentrale Behandlung und strukturorganisatorische Zuordnung

Die Entscheidung, bestimmte zukünftig strategisch bedeutsame Gegenstandsbereiche zentral zu behandeln, hat zunächst zwei Hauptbedingungen zur Voraussetzung. Zum einen müssen alle Systemmitglieder darin übereinstimmen, daß im Hinblick auf eine Absicherung und gegebenenfalls zusätzliche Verbesserung des Corporate Development die Gegenstandsbereiche zutreffend identifiziert wurden, unabhängig davon, ob sie beispielsweise für jeden Unternehmensbereich gleichermaßen gelten. Zum anderen haben alle Systemmitglieder darin übereinzustimmen, daß diese Gegenstandsbereiche zweckmässigerweise zentral wahrgenommen werden sollen. Damit würde insgesamt Übereinstimmung darin bestehen, daß

° das bisherige mehrdimensionale Organisationsmodell grundsätzlich erhalten bleibt

° die effiziente Behandlung der Gegenstandsbereiche von allen Systemmitgliedern unterstützt werden muß

° das Arbeitsergebnis sich auf alle schon gegebenen Regelungseffizienzen unmittelbar mit auswirkt

° die Summe dieser Gesichtspunkte daher auch weiterhin einen direkten Beitrag im Hinblick auf die Wettbewerbsposition(en) der Unternehmung leistet.

Die Gründe für eine zentrale Behandlung der Aufgabenstellungen selbst können unternehmensindividuell verschieden sein und auch in Abhängigkeit zueinander stehen. Die Entscheidung für eine zentrale Behandlung wird natürlich zusätzlich erleichtert, wenn bereits ein erster Überblick erkennen läßt, daß das erwartete Arbeitsergebnis - etwa durch Poolung von Spezialisten[1] - voraussichtlich gleichwertig und nicht aufwendiger gegenüber jeweils divisionaler Durchführung zu erreichen sein wird. Darüber

1) Vgl. HILL/FEHLBACH/ULRICH 1974, S. 379.

hinaus besteht der Vorteil, daß bei möglicherweise auch unterschiedlicher divisionaler Umsetzung der Arbeitsergebnisse im einzelnen in jedem Fall aber alle Unternehmensbereiche über grundsätzliche Aspekte zum gleichen Zeitpunkt gleichermaßen informiert sind. In diesem Zusammenhang kann an Aufgabenstellungen wie zentrale Werkstofftechnik, Grundlagenforschung oder an die System-Dokumentation und -Pflege innerhalb der zentralen strategischen Unternehmensplanung gedacht werden.

Für einen anderen Gegenstandsbereich wiederum wird eine spätere divisionale Behandlung nicht ausgeschlossen. Im Interesse eines zunächst unverzüglichen Starts sollte jedoch mit einer zentralen Durchführung begonnen werden. Hierzu können Themen wie Lizenzpolitik und Diversifikation zählen. Sollte sich nach einer Anlaufphase die Zweckmässigkeit einer Divisionalisierung der Aufgabenstellung ergeben, so würden dann die für eine (nachträgliche) Divisionalisierung geltenden Kriterien zu beachten sein.

Eine zentrale Behandlung spezifischer Gegenstandsbereiche wird sich vor allem auch immer dann anbieten, wenn es darum geht, bezüglich neuartiger und daher erst recht unvorhersehbarer Bedrohungs- und Chancenpotentiale günstigere Vorwarnzeiten als bei divisionaler Behandlung zu erreichen. Hierzu zählen Themen wie ein Früherkennungs- bzw. Frühwarnsystem oder die systematische Überprüfung kritischer Erfolgsfaktoren und ihrer Erfüllungsgrade.

Bezüglich der strukturorganisatorischen Zuordnung der einzelnen Aufgabenstellungen bestehen grundsätzlich alle Freiheiten, solange die beiden genannten Hauptbedingungen und die daraus folgenden Konsequenzen uneingeschränkt gelten. So kann die bisherige Aufgabenstellung einer bestimmten organisatorischen Einheit um die Aufgabenstellung eines bestimmten Gegenstandsbereiches erweitert werden. Gegebenenfalls wird eine neue organisatorische Einheit gegründet und einem Unternehmens- oder Zentralbereich zugeordnet. Bestimmte innere Verwandtschaften sollten aber berücksichtigt werden. Ein Gegenstandsbereich wie das Frühwarnsystem kann am ehesten einem Zentralbereich Controlling zugeordnet werden, wie etwa der Gegenstandsbereich Lizenzstrategie/Lizenzpolitik vornehmlich einem Unternehmensbereich zuzuordnen wäre.

Wenn es um einen Gegenstandsbereich geht, der sich vor allem mit dem Aspekt einer kritischen, laufenden Überprüfung der dominanten Erfolgsfaktoren befaßt, kann eine Freiheit bezüglich der strukturorganisatorischen Zuordnung nicht mehr gleichermaßen angenommen werden. Die Zuordnung muß gegebenenfalls sehr unternehmensindividuell erfolgen.

IV. Leistungserbringung, Leistungsverantwortung und Integration der Ergebnisse

Eine idealtypische Unternehmung arbeitet heute in der Regel mit analytischer Arbeitsplatzbeschreibung und -bewertung. Jede organisatorische Einheit, die eine konkrete Aufgabenstellung zusätzlich übernimmt, hat daher diese neue Aufgabe zunächst zu strukturieren und dann die quantitativen und qualitativen Sach- und Personalvoraussetzungen zu klären. Beide Voraussetzungen sind mit den Unternehmensbereichen, die die zentrale Aufgabenerledigung zukünftig nachfragen, über Zielvereinbarungen abzustimmen. Die Struktur der Aufgaben, die Prioritäten und die Fristen sind in einem Vorgehensplan zwischen den beteiligten Systemmitgliedern festzulegen. Die Prioritäten richten sich u.a. auch danach, welcher Art und von welcher Bedeutung die Defizite an Unternehmensentwicklung in den Unternehmensbereichen sind und insoweit Forderungen bestehen, sie zu reduzieren.

Diese Vorgehensweise gilt sowohl für den Fall, daß eine bestehende organisatorische Einheit einen Gegenstandsbereich mit übernimmt als auch dann, wenn eine neue organisatorische Einheit gegründet wird. Erst dann kann auch über den entsprechenden Kostenaufwand und die Art der Kostenerstattung Einvernehmen erzielt werden. Wenn lediglich Forderungen hinsichtlich der Aufgabenstellung formuliert werden und Umfang, Struktur und Kostenerstattung offen bleiben, ist der Mißerfolg abzusehen. Dieser Zusammenhang wird oft übersehen mit der Folge, daß die beauftragte organisatorische Einheit die erbrachte Leistung gegenüber der kritischen Nachfrage der Unternehmensbereiche nicht schlüssig vertreten kann. Darüber hinaus kann sich daher zu gegebener Zeit (wieder) die Forderung nach divisionaler Erledigung ergeben, ohne daß dies zwingend wäre.

In beiden Fällen strukturorganisatorischer Lösung würden die Aufgabenstellung, ihre Erledigung und damit das Arbeitsergebnis innerhalb der Unternehmensleitung von den Leitern der Zentral- und Unternehmensbereiche wie alle anderen Aufgabenstellungen verantwortet, die bereits originär Inhalt ihrer Zentral- oder Unternehmensbereiche sind. Die divisionale Umsetzung der aus zentraler Erledigung nachgefragten Ergebnisse hat der jeweilige Unternehmensbereich zu verantworten. Damit wäre die notwendige Gesamtintegration sichergestellt.

D. Management der Synergienutzung

I. Vorbemerkungen

Grundsätzlich sind alle Unternehmensfunktionen innerhalb einer Unternehmung mit Matrixorganisation unter dem Gesichtspunkt der Synergienutzung zu betrachten. Die in diesem Kapitel angesprochenen Funktionen sind insoweit stellvertretend zu verstehen. Sie stehen aber andererseits ganz besonders im Vordergrund. Diese Funktionen machen in der Regel den Hauptinhalt eines Unternehmensbereiches oder einer Sparte aus.

Jedes strukturorganisatorische Modell hat seine Vor- und Nachteile.[1)] Als ein Vorteil der funktionalen Organisation - einer

---

1) Vgl. BLEICHER 1979, S. 85-102.

besonderen Ausprägung des eindimensionalen Organisationsmodells - kann gesehen werden, daß sich Überlegungen der Synergienutzung kaum als eine besondere gesamtunternehmerische Aufgabenstellung ergeben. Sie sind sozusagen eine ständige funktionsbereichsinterne Angelegenheit. Bei der Ausprägung des eindimensionalen Strukturmodells in Form des Objektmodells zeigt sich aber bereits die Notwendigkeit, sinnvollerweise auf Synergienutzung zu achten[1)] und zwar auch bei unverändert stabilen Kontextbedingungen.

Wenn das mehrdimensionale Organisationsmodell die geeignete(re) Organisationsform bei komplexen und varianten Kontextbedingungen ist, so werden dann erst recht Anstösse für Synergienutzung auch aus den Austauschbeziehungen zu erwarten sein. Ein typisches Beispiel sind die Überlegungen und Notwendigkeiten im Zusammenhang mit dem Technologieportfolio einer Unternehmung und der damit zusammenhängenden Synergienutzung.[2)] So ist der Schluß erlaubt, daß eine Unternehmung, die sich für die Matrixorganisation entschieden hat, besonders intensiv auf den Aspekt der Synergienutzung zu achten hat. Gleichzeitig wären günstige strukturorganisatorische Voraussetzungen schon gegeben, ein Management der Synergienutzung dann auch zu bewirken.

Die möglichen Spätfolgen einer konsequenten Divisionalisierung gerade der Hauptfunktionen Vertrieb, Entwicklung und Fertigung wurden seiner Zeit bei vielen Unternehmungen nicht gesehen oder die Vorteile der Divisionalisierung waren zunächst so groß oder wurden als so groß eingeschätzt, daß sie nachteilige Konsequenzen kompensierten. Es mag sein, daß die Wirtschaftlichkeit des neuen (divisionalen) Gesamtsystems auch dann noch gegeben war, wenn die Doppelarbeit bei dezentraler Forschung und Entwicklung in Betracht gezogen oder auf eine Abstimmung des Maschinenparks im Sinne eines Beschäftigungsausgleiches verzichtet oder auch ein nicht abgestimmtes Vorgehen auf den Absatzmärkten in Kauf genommen wurde.[3)]

1) Vgl. BLEICHER 1979, S. 89.

2) Vgl. SOMMERLATTE/DESCHAMPS 1985, S. 67-70.

3) Vgl. BLEICHER 1979, S. 89-90.

Die im Zusammenhang mit den makroökonomischen Verwerfungen erschwerten Kontextbedingungen lassen im Hinblick auf die Entwicklung der Unternehmung als Ganzes wie der Unternehmensbereiche im einzelnen jetzt aber zunehmend Zweifel über den Zusatznutzen weiterer Aufwände je divisionaler (Haupt-) Funktion aufkommen. Synergienutzung kann daher als ein Rationalisierungskonzept verstanden werden. Während die Rationalisierungskonzepte der 1. Generation auf eine Beeinflussung der direkten, jeweils produktbezogenen Einzel- und Gemeinkosten ausgerichtet waren, gewinnen jetzt unter den Druck komplexer Austauschbeziehungen und einer ohnehin enormen Steigerung der Einzelaufwände - beispielsweise bei Forschung und Entwicklung - Aspekte der Konzentration, des Verbundes oder auch der Überkreuzbeziehungen an Bedeutung. Unter Überkreuzbeziehungen wird verstanden, daß Synergienutzung beispielsweise im Bereich F&E auch gleichzeitig Synergiesuche im Bereich der Hauptfunktion Fertigung auslösen kann. Synergienutzung kann somit auch als ein Rationalisierungskonzept der 2. Generation bezeichnet werden. Ein wesentlicher Vorteil ist darin zu sehen, daß Synergienutzung innerhalb bestehender strukturorganisatorischer Lösungen stattfinden kann, vorausgesetzt, daß strukturkonsistente Beziehungs- und Durchführungsmerkmale gefunden werden.

II. Nutzung synergistischer Effekte bei den Funktionen Vertrieb, Entwicklung und Fertigung

Im folgenden soll erneut beispielhaft auf die spezielle Situation einer Maschinenbauunternehmung Bezug genommen werden. Daran anschließend werden Überlegungen angestellt, die sich bei einer Verallgemeinerung der Erfahrungen ergeben.

Zur Zeit der funktionalen Strukturorganisation erfolgte der Vertrieb aller Serienprodukte im Inland wie im Export in zusammengefaßter Form. Der Vertrieb des Industrieanlagengeschäftes erfolgte vom Seriengeschäft getrennt, aber auch hier für alle Produkte wiederum zusammengefaßt. Der Vertrieb der Serienprodukte wurde im Inland einheitlich über gesamtverantwortliche (10) Verkaufsstellen als typisiertem Vertriebsweg abgewickelt. Im Export bestanden verschiedene Vertriebswege entweder in Abhängigkeit von der Bedeutung des jeweiligen Exportmarktes für die Unternehmung oder in Abhängigkeit von politisch gebotenen Möglichkeiten oder auch aufgrund von historischen Zufälligkeiten. Es gab eigene Vertriebsgesellschaften, Importeure oder nur Resident Engineers. Es galt aber immer das Prinzip der gesamtverantwortlichen Zuständigkeit.

In erster Annäherung an eine produktorientierte Organisation wurden zunächst im Inland die Vertriebswege nach Produktbereichen ausgerichtet. Dazu wurden jeweils eigene Verkaufsstellen in unterschiedlicher Zahl eingerichtet. Das Ergebnis waren teilweise deutlich erhöhte Marktanteile sowie verbesserte Erlösstrukturen. Die günstigere Ausschöpfung der Mengenkonjunkturen überkompensierte den jeweils höheren Vertriebskostenaufwand. Inzwischen wurden die Verkaufsstellen weitgehend aufgelöst. Das Inlandsgeschäft hat sich der Art nach so verändert, daß der Vertrieb nun fast ausschließlich von den produktorientierten Vertriebsbereichen des Stammhauses wahrgenommen werden kann.

In dem Maße, wie sich weiter konsolidierende Inlandsmärkte des Seriengeschäftes in ihrem Beitrag für die weitere quantitative Unternehmensentwicklung stagnierten und auf das Exportgeschäft ausgewichen werden mußte, wurde die doppelte Problematik der für den Export oben genannten Vertriebswege augenscheinlich.

Für die unternehmenseigenen Verkaufsstellen im Inland galt als vorrangige unternehmerische Zielsetzung die (selbst beeinflußbare) Umsatzmaximierung. Bei einem früheren Anteil des Inlandsgeschäftes am Umsatz der Gesamtunternehmung von $\approx$60% war damit eine erhebliche Stabilität sowohl hinsichtlich des Umsatzes als auch des Ertrages für das Stammwerk gegeben. Diese Vorgabe konnte weitgehend auch für die eigenen ausländischen Vertriebsgesellschaften gesetzt werden. Die unternehmerische Zielsetzung eines Importeurs dagegen geht vornehmlich vom Prinzip der eigenverantworteten Gewinnmaximierung aus. Umsatz und Ertrag konnten daher für das Stammwerk sehr viel weniger als stabile Größen gesehen werden. Das Risiko einer unsicheren (quantitativen) Unternehmensentwicklung nahm somit in dem Maße zu, wie der Vertriebsweg durch einen Importeur gegeben war und der Beitrag der jeweiligen Exportmärkte ausgeweitet werden sollte. Es ergab sich verstärkt die Notwendigkeit, den Vertriebsweg des Importeurs durch den einer eigenen Vertriebsgesellschaft zu ersetzen. Darüber hinaus war abzusehen, daß sich die Erfahrungen mit den produktorientierten Inlandsorganisationen nun auch bei den ausländischen Vertriebsgesellschaften auswirken würden. Die einzelnen Produktbereiche gründeten daher jeweils eigene Vertriebsgesellschaften, wenn dies sowohl im Hinblick auf den Beitrag eines bestimmten Exportmarktes zur Gesamtleistung der Unternehmung als auch bezüglich der vorgegebenen Veränderungsrate an Corporate Development erforderlich schien. An der Ausweitung des Exportanteils von ca. 40% auf fast 70% bei einer gleichzeitigen Verdoppelung des Umsatzes innerhalb des Referenzzeitraumes hatten diese vertriebsstrukturorganisatorischen Maßnahmen erheblichen Anteil. Andere Unternehmungen, die sich mit ähnlichen Problemen konfrontiert sahen, haben ähnliche bzw. der jeweiligen Unternehmung entsprechende Lösungen gefunden. Der positive Effekt ist dann der direkte Durchgriff bis zum Markt und zum Kunden. Die Kommunikation zwischen den lokalen Repräsentanzen und dem jeweiligen zentralen Vertriebsbereich wird unmittelbar. Die Sorge, daß markt- oder marktsegmentspezifische Notwendigkeiten in einer einheitlichen Vertriebsgesellschaft möglicherweise nur generalisierend behandelt werden, reduziert sich.

Grundsätzlich gleiche Aspekte gelten für die Hauptfunktionen Entwicklung und Fertigung. In einer Art korrespondierender Rückwärtsauswirkung nehmen Hauptumsatzträger bei funktionaler Organisation auch im Bereich Forschung und Entwicklung oft genug eine Vorfahrtstellung ein. Diese kann aufgrund der Dominanz eines Produktes oder einer Produktgruppe durchaus vorgegeben sein. Sie wird vielfach in den Entwicklungsbereichen aber auch freiwillig eingeräumt. Oft genug ergibt die Analyse zunächst nicht erklärbarer Entwicklungsschwellen, daß sie psychologisch begründet sind. Mit erfolgreichen Produkten sehen sich die Mitarbeiter natürlich vorzugsweise in Verbindung gebracht. Unabhängig von der Frage, ob im Rahmen einer Produktorientierung beispielsweise auch die Grundlagenforschung produktbezogen zugeordnet wird oder nicht, erscheint die Auflösung zumindest der Serienentwicklung(en) im Sinne produkt- und marktgerechter Flexibilität und eindeutiger Verantwortung folgerichtig.

Die Produktorientierung auch der Hauptfunktion Fertigung erfolgt, wenn die Voraussetzungen dazu vorliegen. Bei der Zuordnung der Fertigung können jedoch technologisch eng verzahnte Vorfertigungen ausgenommen bleiben, weil andernfalls unvertretbar hohe Strukturkosten entstehen. Die Vorteile, die sich bei einer produktbezogenen Aufteilung der Fertigung ergeben, korrespondieren in der Regel mit den Vorteilen einer produktorientierten Auflösung der Vertriebsfunktion. Bleibt die Zuordnung der Fertigung - wie auch im Falle der beispielhaft angesprochenen Maschinenbauunternehmung - noch zurückgestellt, so kann die Strukturorganisation aber jederzeit nachgebessert werden.

Die produkt-/marktbezogene Strukturierung der Unternehmung ist die richtige strukturorganisatorische Lösung, um vor allem Mengenkonjunkturen und Erlösverbesserungspotentiale realisieren zu können. Dazu ist Markt- und Kundennähe erforderlich. Hierfür ist ein Strukturmodell nicht mehr geeignet, das über die funktionale bzw. verrichtungsorientierte Organisation in erster Linie auf eine Optimierung von Kosten oder Leistung ausgerichtet ist.[1)] Stattdessen treten Gewinn und Rentabilität als neue Maßgrößen der Wirtschaftlichkeit in den Vordergrund.[2)]

---

1) Vgl. BLEICHER 1979, S. 90.

2) Ebenda.

Erschwerte Kontextbedingungen mit entsprechenden Auswirkungen auf die Austauschbeziehungen und die Unternehmensentwicklung führen wegen der Unsicherheit über den Zusatznutzen weiterer Aufwände oder auf der Suche nach unmittelbaren Kostenersparnissen nun verstärkt zu Überlegungen, (die) Vorteile verrichtungsorientierter Organisation zu nutzen, ohne die bestehende Unternehmensgesamtorganisation jedoch ändern zu müssen. Dies betrifft Unternehmungen sowohl in divisionaler als auch in Matrixorganisation. Die Synergienutzung ist der dafür geeignete Ansatz. Zwischen Wettbewerbs- und Kostengesichtspunkten ist ein Kompromiß zu finden.[1)]

Rationalisierung beispielsweise der Vertriebswege in einem bestimmten Exportmarkt oder in einer Region führt zu Überlegungen, solche Aktivitäten (wieder) zentral wahrzunehmen, die gleichen oder ähnlichen Charakter für alle Produkt- oder Unternehmensbereiche und ihre Vertriebswege haben und zugleich kostenintensiv sind. Das bedeutet, daß getrennte Landesvertriebsgesellschaften "hinter den Schaufenstern" wieder zusammengefaßt werden, die markt- bzw. kundenbezogenen Aktivitäten aber weiterhin getrennt bleiben.[2)]

Während es vor Einführung einer produktorientierten Strukturorganisation ohne weiteres möglich war, bei Bedarf ein geschlossenes Länder- oder Regionalkonzept zu erstellen, ist dies bei divisionaler oder Matrixorganisation nicht zwangsläufig.[3)] Damit ist nicht sichergestellt, daß die Unternehmensbereiche insbesondere bei erschwerten Kontextbedingungen in den generellen Entscheidungsparametern, wie sie für eine Region gelten können, gleichgeschaltet sind. Es besteht auch keine zwangsläufige Klärung, ob nicht ein gemeinsames regionales Vorgehen bezüglich einer aggressiven Lizenzstrategie - beispielsweise als Reaktion

---

1) Vgl. SOMMERLATTE/DESCHAMPS 1985, S. 68.

2) Vgl. BLEICHER 1981, S. 98.

3) Ebenda, S. 130.

darauf, daß sich die Region zu einem sogenannten geschlossenen Markt entwickelt - günstiger ist als ein möglicherweise weiterhin getrenntes Vorgehen. Neben den Kostengesichtspunkt als Ansatz für Synergienutzung tritt damit der Aspekt einer Strategiesynergie.

Die Synergienutzung stellt sich als Rationalisierungsansatz aber auch für die Bereiche Entwicklung und Fertigung der einzelnen Unternehmensbereiche. Produkt- und Technologieverwandtschaften sind über die Unternehmensbereiche hinweg festzustellen, gezielt fortzuschreiben oder überhaupt anzustoßen. Es sind Prioritäten zu setzen, die im Hinblick auf ein abgesichertes Corporate Development die größten Sicherheitseffekte und im Hinblick auf ein zusätzlich verbessertes Corporate Development die größten Hebelungseffekte versprechen. Fragen des Kapazitäts- bzw. Beschäftigungsausgleiches, die zu Zeiten der Mengenkonjunkturen keine entscheidende Rolle spielten, gewinnen an Bedeutung. Damit wird gleichzeitig aber auch wieder eine grundsätzliche oder auch nur partielle Abstimmung bezüglich der weiteren fertigungstechnologischen Schritte innerhalb der Gesamtunternehmung erforderlich. Die Einführung etwa der CIM-Technik erzwingt ohnehin einen bestimmten Umfang an Abstimmung und Synergienutzung.

Mit der Notwendigkeit der Synergienutzung ergibt sich aber zugleich die Frage, wie ihr Inhalt identifiziert wird und wann und wie die darauf zu beziehenden Entscheidungen getroffen werden. Eine mögliche Lösung liegt in den sogenannten Konferenzen für Vertriebskoordination bzw. Fertigungskoordination mit Entscheidungszwang.[1)] Sie können zu den Typen von Zwischensystemen[2)] mit dem Ziel zusätzlicher Harmonisation gezählt werden.

---

1) Vgl. S. 119-135.

2) Vgl. BLEICHER 1979, S. 78-85.

III. Kriterien für ein Management der Synergienutzung und strukturorganisatorische Zuordnung

Bei der Synergienutzung werden mögliche Alternativen zu den Entscheidungsnotwendigkeiten gesucht, wie sie sich zunächst aus dem System der strategischen Unternehmensplanung im Hinblick auf die Unternehmensgesamtentwicklung stellen. Damit werden drei Aspekte deutlich. Synergienutzung ist Bestandteil des strategischen Managements und damit Angelegenheit der Unternehmensgesamtleitung. Synergienutzung kann insoweit auch nicht von Eventualitäten abhängig sein, sondern muß in ihrer Ausgestaltung einem nachvollziehbaren Management unterliegen. Für die Synergienutzung muß es dann aber auch spezifische organisatorische Regelungen geben.

Entscheidungen, die im Rahmen der Synergienutzung getroffen werden, sind für die Unternehmung ebenso irreversibel wie es die Entscheidungen wären, die ohne den Aspekt der Synergienutzung getroffen würden. Die Synergienutzung kann für einen Unternehmensbereich bedeuten, desinvestieren zu müssen. Sie kann für einen anderen Unternehmensbereich mit sich bringen, zukünftig auf bestimmte F&E-Aufgaben zu verzichten, weil über die Akquisition einer Fremdunternehmung beispielsweise zugleich auch Potentiale an Schrittmachertechnologien zuwachsen und zwar schneller und kostengünstiger, als es vom Unternehmensbereich selbst erreicht werden könnte.[1)] Das bedeutet, daß bei der Synergienutzung in der Regel die gleichen Systemmitglieder beteiligt sein müssen, die auch an den ursprünglichen Entscheidungsnotwendigkeiten beteiligt waren.

Die notwendige Kommunikations- und Entscheidungsebene ist dadurch charakterisiert, daß mehrere personale Elemente oder Basissysteme einander zugeordnet werden. Zwischen ihnen entwickeln sich Arbeitsbeziehungen zur Erfüllung sektoralzielübergreifender

---

1) Vgl. SOMMERLATTE/DESCHAMPS 1985, S. 68-71.

Aufgaben.[1] Da diese Harmonisationsaufgaben erfolgen sollen, ohne das grundlegende Segmentierungsmuster - beispielsweise also die Matrixorganisation - zu verändern, muß dieses Zwischensystem auf Dauer angelegt sein. Es ist daher von einem traversierenden Zwischensystem auf Dauer[2] zu sprechen.

Wenn diese Harmonisationsebene Entscheidungen vorbereiten soll, die gegebenenfalls andere Notwendigkeiten ersetzen, muß sie über Entscheidungskompetenz und eine Führungsinstanz verfügen, die den Zwangslauf sicherstellen.

Die Führungsinstanz bzw. die Geschäftsführung dieser Harmonisationsebene sollte zweckmässigerweise ein Mitglied des Vorstandes oder der Geschäftsführung übernehmen. Wird diese Geschäftsführung auf Dauer wahrgenommen, so kann die (jeweilige) Harmonisationsebene strukturorganisatorisch dem betreffenden Zentral- oder Unternehmensbereich angegliedert werden. Wenn die Geschäftsführung jährlich wechselt, verfügt die Harmonisationsebene aber zumindest über eine Adresse, die ihre Aufgabenstellung ausweist.

IV. Integration der Ergebnisse

Ausgangspunkt für mögliche Maßnahmen der Synergienutzung sind Defizite an Corporate Development. Im Hinblick auf die Irreversibilität einer Entscheidung, mehr noch wegen der Tatsache, daß in der Regel mehrere Unternehmensbereiche von den erwarteten Chancen wie von möglichen Mißerfolgen betroffen sind, ist es notwendig, in der Analyse der Abweichungen und ihrer Ursachen die Synergienutzung zweifelsfrei als den entscheidenden Ansatzpunkt für eine Absicherung oder sogar Verbesserung des Corporate Development zu identifizieren.

---

1) Vgl. BLEICHER 1979, S. 81.

2) Ebenda.

Das Management der Synergienutzung bezweckt, die produktiven Faktoren der Unternehmung praktisch in einem zweiten Durchgang so zu kombinieren, daß sich die erwartete Potentialveränderung als Ausdruck der Unternehmensentwicklung in abgesicherter(er) Form bei gleichzeitig weiter optimiertem Gesamtfaktoreinsatz ergibt.

Da somit in der Regel alle Unternehmensbereiche bzw. die Gesamtunternehmung einbezogen sind, wird der außerordentliche Anspruch deutlich, den ein Management der Synergienutzung im Hinblick auf das Corporate Development stellt. Die Risiken und Chancen können größer und nachhaltiger sein, als wenn jeder Unternehmensbereich lediglich seine eigene Produktionsfunktion unter Wettbewerbs- und Kostengesichtspunkten weiter optimiert. Wenn falsche oder unzureichende Entscheidungen zur Synergienutzung getroffen werden, können sich kumulativ Defizite an Unternehmensentwicklung für mehr als nur einen Unternehmensbereich ergeben. Kompensatorische Entwicklungen, wie sie sonst möglich sein könnten, wären weitgehend ausgeschlossen. Andererseits könnten bei zutreffenden Entscheidungen zur Synergienutzung positiv-multiplikative Wirkungen resultieren, die nicht nur eine Sicherung, sondern eine zusätzliche Verbesserung bzw. Beschleunigung des Corporate Development bewirken. Je ergiebiger zudem die Ausgangsbasis der Unternehmung für die Synergienutzung im Vergleich zum Wettbewerb ist, um so größer wird die Hebelwirkung im Hinblick auf die Wettbewerbsposition(en) sein.

Synergienutzung muß unternehmensindividuell sorgfältig entschieden werden. Auf Synergienutzung zu verzichten, kann der weniger riskante Weg sein, weil die Möglichkeit eher gegeben ist, daß Fehlentscheidungen eines Unternehmensbereiches durch positive Entwicklungen anderer Unternehmensbereiche kompensiert werden. Dieser Weg ist in der Regel jedoch ressourcenintensiver. Wenn sich die Unternehmung für Synergienutzung entscheidet, bedeutet das hohe Anforderungen an das spezifische Management sowie eine hohe Partizipation aller Systemmitglieder. Die Partizipation beinhaltet zum einen den uneingeschränkten Beitrag zur Regelungseffizienz der Harmonisationsebene und zum anderen die Verpflichtung zur unverzüglichen und konsequenten Umsetzung der Ergebnisse in den jeweiligen Unternehmensbereichen.

Je mehr eine individuelle Unternehmung bereits dem Typus der hier zugrundegelegten idealtypischen Unternehmung ähnelt, zwingt sich die Entscheidung für ein Management der Synergienutzung auf. Die möglichen Chancen sollten höher zu bewerten sein als die Risiken.

E. Relevanz im Hinblick auf die Einrichtung eines Zentralbereiches Unternehmensentwicklung

Wenn im Zusammenhang mit Defiziten an Corporate Development die Einrichtung eines Zentralbereiches Unternehmensentwicklung zur Diskussion stehen soll, muß zunächst bekannt sein, wann solche Überlegungen mit Sicherheit auszuschließen sind. Das wird immer dann der Fall sein, wenn Defizite an Corporate Development z.B. durch strukturorganisatorische Korrekturen zu beeinflussen wären. Dies ist aber nur über die Analyse der Abweichungen und ihrer Ursachen sowie der möglichen Verantwortungsbereiche herauszufinden. Es wäre eine fatale Entscheidung für die Gesamtunternehmung, wenn ein Zentralbereich Unternehmensentwicklung eingerichtet und dieser mit einem Management der Abweichungen beauftragt würde, für die entsprechend dieser Arbeit die Lösung ausschließlich in strukturorganisatorischen Korrekturen gesehen werden müßte.

Eine Unternehmung, für die eine nachhaltige Absicherung des Corporate Development so eindeutig eingegrenzt werden könnte, würde sich in einer bereits relativ vorteilhaften Situation befinden. Auch wenn die strukturorganisatorische Korrektur - etwa in Form der nachhaltigen Divisionalisierung der Fertigung - aufwendig sein kann, würde die Unternehmung insoweit jedenfalls mögliche Grauzonen für (weitere oder andere) Bedrohungspotentiale offensichtlich nicht erkennen. Das wäre für alle Systemmitglieder eine beruhigende Ausgangsbasis.

Relevanz für Überlegungen eines Zentralbereiches Unternehmensentwicklung können somit bestimmte, wegen ihrer Bedeutung zukünftig zentral zu behandelnde Gegenstandsbereiche sowie ein unternehmensindividuell zu gestaltendes Management der Synergienutzung haben. Aber auch in diesen Fällen wurde aufgezeigt, daß die Durchführung und die strukturorganisatorische Zuordnung jeweils prinzipiell gelöst werden könnten, ohne daß ein solcher Zentralbereich zwingend notwendig wäre.

Ob das Anhängeverfahren im Interesse der Regelungseffizienz aber auch dann langfristig die richtige Lösung ist, wenn beide Themenkomplexe gleichzeitig gegeben und von großer Bedeutung sind, ist fraglich. Immerhin könnte das Anhängeverfahren aber solange und soweit vertretbar sein, wie die zu behandelnden Themenkomplexe überwiegend erst einmal der Absicherung des Corporate Development dienen. Ohne ein abgesichertes Corporate Development bestehen keine Chancen, es im Sinne verbesserter Wettbewerbsposition(en) zusätzlich noch zu beschleunigen. Die Systemmitglieder hätten sich also zunächst für nicht mehr und nicht weniger entschieden, als die jeweils unternehmensindividuell fraglichen Themenkomplexe zentral durchführen zu lassen. Gegen eine solche Argumentation spricht, daß nur schwer zu unterscheiden ist, wann die gleichen Themenkomplexe noch der Absicherung und ab wann der zusätzlichen Verbesserung des Corporate Development dienen. Beispielsweise wirken erheblich verstärkte Aktivitäten der Diversifikation, der Lizenzpolitik oder der Synergienutzung in der Regel zugunsten beider Zielsetzungen.

Es kommt also entscheidend auf den Status der konkreten Unternehmung an. Die Relevanz der beispielhaft angesprochenen Themenkomplexe im Hinblick auf einen Zentralbereich Unternehmensentwicklung sollte deshalb immer dann zu vermuten sein

° wenn mehrere Themenkomplexe gleichzeitig und von gleichermaßen großer Bedeutung für das Corporate Development gegeben sind

° wenn die zu erledigenden Themenkomplexe (schon) mehr auf die zusätzliche Verbesserung des Corporate Development ausgerichtet sind als (noch) auf seine Absicherung

° wenn die Themenkomplexe deshalb auch an Komplexität zunehmen, so daß ihre Transparenz und die aus den komplexen Tatbeständen oder Erwartungen für die Gesamtunternehmung zu veranlassende, ergänzende strategische Planung selbst bereits eine strategische Managementaufgabe darstellen.

Wenn sich eine Unternehmung für einen Zentralbereich Unternehmensentwicklung entschieden hat, könnten ihm auch jene Aufgabenstellungen mit zugeordnet werden, für die andernfalls das Anhängeverfahren gewählt worden wäre.

Dritter Teil

ABGESICHERTES UND VERBESSERTES CORPORATE DEVELOPMENT DURCH EINRICHTUNG EINES ZENTRALBEREICHES UNTERNEHMENSENTWICKLUNG IM VORSTAND ODER DER GESCHÄFTSFÜHRUNG EINER UNTERNEHMUNG

A. Vorbemerkungen

I. Unternehmensspezifische Problemstellungen und Nutzung des organisatorischen Überschusses an Beispielen der Industrie im allgemeinen

Immer häufiger sind gerade auch bei Unternehmungen, die schon bisher im allgemeinen Öffentlichkeitsbild als durchaus erfolgreich gelten, jetzt bemerkenswerte Ergänzungen der geltenden Strukturorganisationen festzustellen.

Wenn heute Vorstands- oder Geschäftsführungsbereiche für Controlling in den Unternehmungen eingerichtet werden, so findet das inzwischen keine grössere Aufmerksamkeit mehr. Das war noch vor wenigen Jahren ganz anders, denn die Einrichtung des Controlling war letztlich ein Indiz dafür, daß eine Unternehmung auf erschwerte Austauschbeziehungen reagierte oder glaubte, sich auf diese Weise darauf vorbereiten zu sollen. Heute gelten zusätzlich erschwerte Kontextbedingungen und damit bedrohte Austauschbeziehungen für jede Unternehmung, was deshalb Reaktionen über die Einrichtung eines Controlling hinaus erfordern kann. Interessant ist aber nach wie vor, daß das Ressort Controlling offensichtlich jeweils weitgehend strukturverträglich integriert werden kann und zwar sowohl in funktionalen als auch in Matrixorganisationen.

Wenn erfolgreiche Unternehmungen, wie beispielsweise BMW, VW oder die Philips GmbH, heute Vorstands- oder Geschäftsführungsbereiche für Logistik oder Qualitätsverbesserung einrichten und zudem innerhalb ihrer funktionalen (BMW, VW) bzw. mehrdimensionalen (Philips) Organisationen, dann verdienen diese Maßnahmen in mehrerer Hinsicht eine hohe Aufmerksamkeit. Philips hat einen selbständigen Geschäftsführungsbereich Qualitätsverbesserung geschaffen, VW und BMW haben die Logistik (zunächst) anderen Vorstandsgeschäftsbereichen als eigenständige Aufgabe mit übertragen, so VW dem Vorstandsbereich Materialwirtschaft und BMW sowohl dem Vorstandsbereich Produktion als auch der Materialwirtschaft.

Die näheren Hintergründe wurden von den Unternehmungen nicht genannt, jedoch dürften die nachfolgenden Überlegungen einer Begründung nahe kommen. Es sollte der Schluß erlaubt sein, daß die genannten Unternehmungen im Rahmen einer Positionsbestimmung die Möglichkeiten und Voraussetzungen eines auch weiterhin abgesicherten oder sogar verbesserten Corporate Development einer Analyse unterzogen haben. Als Konsequenz könnte sich für Philips ergeben haben, daß die Produktkonkurrenz zukünftig besonderen Vorrang haben soll und dafür zusätzliche qualitätsverbessernde Maßnahmen von überragender strategischer Bedeutung sein würden. Für BMW und VW mag sich als Ergebnis der Analyse ergeben haben, daß zukünftig die Logistik im Hinblick auf eine zusätzliche Kostenreduzierung und eine gleichzeitige Erhöhung der Flexibilität nach innen wie nach aussen ebenso überragende strategische Bedeutung haben wird. Die genannten Unternehmungen dürften zu der Erkenntnis gekommen sein, daß diese, zu den bisherigen Hauptfunktionen einer Unternehmung komplementären oder integralen Aufgabenstellungen daher zukünftig den Rang einer eigenständigen Hauptfunktion haben sollen.

Die von den Unternehmungen getroffenen Maßnahmen lassen gleichzeitig darauf schliessen, daß die aktuellen Unternehmensorganisationen nicht nur für das bisher erfolgreiche Corporate Development zutreffend waren, sondern ihre grundsätzliche Eignung auch weiterhin von den Unternehmungen erwartet wird. Der organisatorische Überschuß der einzelnen Unternehmensorganisationen scheint offenbar noch nicht abgebaut zu sein. Der Status erlaubt, die neue Hauptfunktion zu integrieren. Möglicherweise wird durch diese strukturorganisatorische Ergänzung bereits abgebauter organisatorischer Überschuß auch wieder neu geschaffen.

II. Die Einrichtung von Vorstands- oder Geschäftsführungsbereichen für Unternehmensentwicklung an Beispielen der Industrie im besonderen

Wenn man über einen längeren Zeitraum auch die Stellenangebote der grossen Zeitungen daraufhin analysiert, wie Unternehmungen versuchen, auf die erschwerten Kontextbedingungen zu reagieren, so fällt auf, daß neben den traditionellen Stellenangeboten - zu denen inzwischen auch die Leitung einer strategischen Planung gezählt werden kann - zunehmend Stellenangebote erscheinen, die auf neuartige Reaktionen schließen lassen. Zum Beispiel werden Fachleute für Technologiemanagement und Technologietransfer[1)] gesucht. In einem anderen Fall ist der Leiter für den "Funktionsbereich Regionalkoordination"[2)] gefragt. Aber auch Leiter des Bereiches oder des Ressorts Unternehmensentwicklung werden zunehmend gesucht.[3)] Einer näheren Analyse sind diese Stellenangebote naturgemäß nicht zugänglich, sie sollen nur signalhaft angesprochen sein.

Dafür ist auf zwei andere, eher nachvollziehbare Presseverlautbarungen aufmerksam zu machen:

"Claus Ernesti wurde von der Unternehmensleitung der zum französischen Pechiney-Konzern gehörenden Cebel S.A., Clichy, zum Direktor des Zentralbereiches Unternehmensentwicklung ernannt. Ernesti übernimmt diese weltweit orientierte Vorstandsfunktion bei der französischen Muttergesellschaft zusätzlich zu seinen Aufgaben."[4)]

---

1) Vgl. z.B. FAZ 21.4.1984, V24.
2) z.B. FAZ 12.2.1983, V4.
3) z.B. 28.8.1982, V21; FAZ 26.10.1985, V25.
4) z.B. HANDELSBLATT Nr. 38, 22./23.2.1985.

"Dornemann wird im Vorstand (der Bertelsmann AG) die Aufgaben Unternehmensentwicklung, strategische Planung und operatives Controlling übernehmen."[1)]

Die Einrichtung des Vorstandsbereiches Unternehmensentwicklung bei der Bertelsmann AG findet bei einer anderen Gelegenheit eine zusätzliche Erklärung,[2)] wenngleich über nähere Einzelheiten, wie konkrete Aufgabeninhalte und Arbeitsprinzipien nichts gesagt wird. So seien bei Bertelsmann inzwischen neue Wachstumsphasen in drei Richtungen eingeleitet worden, nachdem zwei Jahre viel für die innere Aufrüstung getan worden sei; dazu gehöre auch beispielsweise die Errichtung eines "Strategischen Ressorts" im Vorstand.[3)]

Während die Unternehmungen BMW, VW und Philips offensichtlich eine spezifische Aufgaben- oder Problemstellung identifiziert haben, die für das weitere Corporate Development von besonderer oder sogar überragender Bedeutung zu sein scheint, muß bei den Unternehmungen Cebel und Bertelsmann die Absicht vermutet werden, in gleichermaßen gezielter wie umfassender Weise auf die weitere Potentialveränderung als Inhalt der Unternehmensentwicklung durch einen Zentralbereich Unternehmensentwicklung Einfluß nehmen zu lassen. Bemerkenswert ist dabei, daß die Unternehmung Bertelsmann bisher schon zu den erfolgreichsten Unternehmungen der Branche zählte. Der Zentralbereich Unternehmensentwicklung wird innerhalb eines mehrdimensionalen Organisationsmodells eingerichtet, wobei zum gleichen Zeitpunkt zusätzlich eine Erweiterung und Umstrukturierung der bisherigen Unternehmensbereiche erfolgt. Offensichtlich hat sich das mehrdimensionale Modell für Bertelsmann bisher schon als erfolgreich erwiesen. Seine Eignung wird auch für die weitere Zukunft angenommen. Was die Einrichtung des neuen Zentralbereiches an-

---

1) z.B. FAZ 18.10.1984; MANAGER MAGAZIN 10/1985, S. 9.

2) z.B. HANDELSBLATT Nr. 230, 2.12.1985.

3) Ebenda.

betrifft, könnten verschiedene Schlußfolgerungen möglich sein. Möglicherweise macht die Erweiterung der Unternehmensbereiche nunmehr einen solchen Zentralbereich notwendig. Es kann aber auch sein, daß eine zuverlässige weitere Absicherung des Corporate Development auf der Basis eines mehrdimensionalen Strukturmodells jedenfalls für die weitere Zukunft einen solchen Zentralbereich erfordert. Die Einrichtung eines solchen Zentralbereiches kann aber auch als besonders geeigneter Ansatz gesehen werden, unter Ausnutzung des organisatorischen Überschusses gerade in einem mehrdimensionalen Strukturmodell vor allem eine zusätzliche Verbesserung des Corporate Development zu erreichen oder zumindest zu initiieren.

III. Versuch einer vorläufigen Beurteilung

Vielfach hört man heute noch die Äusserung, daß nicht mehr zu wachsen Stillstand bedeutet und Stillstand Rückgang ist. Die jüngsten nationalen und internationalen Übernahmen von (Groß-) Unternehmungen könnten bei flüchtiger Betrachtung den Anschein erwecken, als würde diese viel zu lange geübte Redewendung erneut fröhliche Urständ feiern. Tatsächlich aber dürften diese Übernahmen der zum Teil späte Versuch sein, die durch eine weitgehende Monostruktur bedingte hochgradige Verwundbarkeit einer Unternehmung reduzieren zu wollen. Möglicherweise können aus diesen Übernahmen noch erhebliche Probleme resultieren, weil zum Teil außerordentliche Volumengeschäfte mit gleichzeitig völlig gegensätzlichen Bedingungsrahmen zusammengeführt werden. Insgesamt aber dürfte diese Entwicklung ebenfalls der Erkenntnis folgen, daß quantitatives Wachstum kein Dauerziel mehr ist oder sein kann. "Nicht mehr wachsen, aber permanent besser werden, ist alles andere als Stillstand; es ist allerdings in jeder Hinsicht schwieriger und anspruchsvoller als das reine quantitative Wachstum".[1)]

---

1) GÄLWEILER 1984.

Die Frage ist allerdings, ob die Erfahrungsinhalte aus den Zeiten vornehmlich quantitativer Unternehmensentwicklung ausreichend und geeignet sind, die neue Herausforderung annehmen zu können, zunächst einmal nur besser zu werden. Wachstumssuche und Wachstumssicherung dürften andere Erfahrungsinhalte mit sich gebracht haben, als jetzt benötigt werden, "um jede möglicherweise existenzgefährdende Entwicklung so früh wie möglich zu erkennen und sich darauf vorzubereiten, daß die Unternehmung mit dieser Entwicklung aus eigenen Kräften fertig werden kann".[1]

Eine Unternehmung, die beispielsweise die Logistik zukünftig zu einer eigenständigen Unternehmensfunktion bestimmt, erwartet daraus in der Regel, "die Wettbewerbsposition durch eine Optimierung unternehmensspezifischer Logistikkonzepte langfristig zusätzlich verbessern zu können".[2] Durch den "Wandel vom Einkauf zum Versorgungsmanagement kann in vielen Fällen" - auch bei einer schon idealtypischen Unternehmung - "eine strategische Reserve freigesetzt werden".[3] Allerdings "brauchen Logistiker Kompetenzen",[4] so daß die Einrichtung eines eigenen Vorstandsbereiches Logistik dann durchaus eine konsequente Entscheidung ist. Es fällt auf, daß mit BMW und VW zwei bisher schon durchaus erfolgreiche Unternehmungen solche Entscheidungen trafen und zudem innerhalb bestehender Strukturorganisationen.

Im Falle der Unternehmung Bertelsmann scheint im Hinblick auf das zukünftige Corporate Development keine spezifische Unternehmensfunktion im Vordergrund zu stehen. Die Absicht, mit einem Vorstandsbereich Unternehmensentwicklung ein sogenanntes strategisches Ressort einzurichten, läßt (eher) darauf schliessen, zusätzliche Vorsorge treffen zu wollen, um mögliche Bedrohungen oder zusätzliche Chancen, die zu negativen oder positiven

---

1) GÄLWEILER 1984.
2) MÜNZNER 1985.
3) KRALJIC 1984.
4) STABENAU 1984.

Abweichungen an Corporate Development führen könnten, rechtzeitig(er) zu erkennen und insoweit den Vorbereitungsgrad der Unternehmung zu erhöhen. Bemerkenswert ist, daß sich eine ebenfalls durchaus erfolgreiche Unternehmung zu diesem heute noch ungewöhnlichen Schritt entschließt und zwar ebenfalls innerhalb einer gegebenen Strukturorganisation. Es sollte der Schluß erlaubt sein, daß Bertelsmann der idealtypischen Unternehmung offensichtlich schon sehr nahe kommt. Die weitere Schlußfolgerung wäre, daß für idealtypische Unternehmungen, die zukünftig Maßnahmen zur Absicherung und insbesondere zur Verbesserung des Corporate Development treffen wollen, die Einrichtung eines Zentralbereiches Unternehmensentwicklung besonders naheliegend ist. Für Unternehmungen, die dem Ideal-Typus (noch) nicht entsprechen, dürften dagegen eher noch Handlungsbedarfe aus der bisherigen Umsetzung des Systems einer strategischen Unternehmensplanung bestehen. Die Einrichtung eines solchen Zentralbereiches Unternehmensentwicklung wäre verfrüht.

Entscheidend ist allerdings, daß eine eingehende, partizipative Unternehmensanalyse vorausgeht, um den Aufgabeninhalt eines solchen Zentralbereiches zutreffend zu definieren. Gleichzeitig müssen die Arbeitsprinzipien dieses Zentralbereiches sowie die Art und Weise der Integration der Arbeitsergebnisse in die Unternehmensgesamtentwicklung festliegen und schlüssig sein. Über diese Bedingungen wurde von den Unternehmungen Bertelsmann und Cebel bisher noch nichts gesagt. Unklarheiten und Unsicherheiten hierzu würden jedoch dazu führen, daß die erwartete Auswirkung auf das Corporate Development ausbleibt und die Unternehmensorganisation destabilisiert würde.

B. Stand der jeweiligen institutionellen Rahmenbedingungen einer Unternehmung

Bei der Frage, ob beispielsweise für die zentrale Behandlung zukünftig strategisch bedeutsamer Gegenstandsbereiche das Anhängeverfahren noch ausreichend sein kann, spielen u.a. auch die unternehmensindividuellen institutionellen Rahmenbedingungen eine Rolle.

Wenn eine Unternehmung einen bereichsungebundenen Vorsitzer des Vorstands oder der Geschäftsführung hat, so wird ihm in der Regel die (zentrale) strategische Unternehmensplanung bereits zugeordnet sein oder sie wird ihm nunmehr zugeordnet, wenn sich die Notwendigkeit herausstellt, neben den divisionalen Aktivitäten auch eine zentrale strategische Planung zu institutionalisieren. Bei dieser Konstellation könnte diese organisatorische Einheit gegebenenfalls noch weitere strategisch bedeutsame Gegenstandsbereiche mit übernehmen, wie etwa lizenzpolitische Aktivitäten. Wenn allerdings die Bereichsungebundenheit des Vorsitzers - seine Hauptaufgaben sind dann vornehmlich koordinierende und repräsentierende Aktivitäten - ein Strukturmerkmal bleiben soll, könnte äußerstenfalls die Zuordnung der zentralen strategischen Planung vertreten werden. Die Übernahme weiterer Gegenstandsbereiche kann sonst zu Interessenkollisionen und damit zu unerwünschten Destabilitäten führen.

Wenn eine Unternehmung einen Sprecher des Vorstands oder der Geschäftsführung hat, so ist noch sehr viel mehr auf mögliche Interessen- und Aufgabenkollisionen zu achten. Besteht bereits eine zentrale strategische Planung, so wird sie dem Sprecher nach dem Anhängeverfahren bereits zugeordnet sein. Es dürfte schwieriger werden, der organisatorischen Einheit "Strategische Planung" kollisionsfrei die Führung und Erledigung weiterer Gegenstandsbereiche zu übertragen. Soll eine zentrale strategische Planung zusätzlich zu den divisionalen Aktivitäten jetzt eingerichtet werden, so kann eine Zuordnung zum Sprecher sicherlich dann gerechtfertigt sein, wenn dieser Gegenstandsbereich weitgehend als der einzige Grund für Defizite an Corporate Development identifiziert würde. Stellen sich jedoch - was die Regel sein wird - neben der Frage einer eventuellen zentralen strategischen Planung weitere Gegenstandsbereiche wie etwa Synergienutzung oder Diversifikation und/oder Lizenzpolitik gleichzeitig als Themen von überragender Bedeutung für das Corporate Development heraus, so würde das Anhängeverfahren über den Sprecher auf Dauer zu Problemen führen. Es können sich Grenzen in der Führungskapazität ergeben, was dann mit den berechtigten Sachinteressen anderer Unternehmensbereiche kollidiert. Aber auch das Strukturmerkmal des Sprechers - wie im Falle des Vorsitzers - würde verfremdet, zumal sich bei einer idealtypischen Unternehmung Art und Umfang der Gegenstandsbereiche über die Zeit durchaus verändern können.[1)]

Solange das Anhängeverfahren als eine Lösung für die Behandlung zukünftig strategisch bedeutsamer Gegenstandsbereiche gesehen wird, dürfen sich die Überlegungen daher nicht auf den Vorsitzer oder den Sprecher des Vorstands oder der Geschäftsführung konzentrieren. In das Anhängeverfahren sind alle Zentral- und Unternehmensbereiche einzubeziehen. Aufgrund dieser größeren Basis könnte das Anhängeverfahren dann zunächst durchaus für eine längere Zeit praktiziert werden. Je nachdem, um welche Gegenstandsbereiche es sich handelt, können sich aber möglicherweise ebenfalls Verfremdungseffekte etwa bei den einzelnen Unternehmensbereichen bzw. ihren Leitern ergeben.[2)]

Bei der Überlegung, gegebenenfalls gleich den Schritt zur Einrichtung eines Zentralbereiches Unternehmensentwicklung zu tun, spielt auch das zahlenmässige Verhältnis zwischen Unternehmensbereichen und Zentralbereichen, d.h. die konkrete Ausprägung der

---

1) Vgl. BLEICHER 1981, S. 226 am Beispiel der Regionalkoordination

2) Vgl. S. 109.

Matrixorganisation eine Rolle. Je diversifizierter eine Unternehmung und je größer damit die Zahl der Unternehmensbereiche ist, um so eher liesse sich ein weiterer Zentralbereich rechtfertigen und damit die Hilfslösung über das Anhängeverfahren vermeiden.

Für einen Verzicht auf das Anhängeverfahren und für die direkte Einrichtung eines Zentralbereiches Unternehmensentwicklung sprechen letztlich auch die gleichen Erfahrungen, wie sie im Alltag einer (auch idealtypischen) Unternehmung schon im Zusammenhang mit der Praxis der strategischen Unternehmensplanung gemacht werden.[1] Das operative und strategische Tagesgeschäft der Unternehmensbereiche und ihrer Leiter führt oft bereits zu einer derart starken Auslastung, daß zusätzliche bzw. neuartige Aktivitäten von überragender Bedeutung dann nur im Bereich der Zentralbereiche wahrgenommen werden sollten.

Auch wenn das Anhängeverfahren eine durchaus praktikable Lösung sein kann und vor allem auch dem Gesichtspunkt Rechnung trägt, nichts überstürzen zu wollen, bleibt doch der qualitative Nachteil, daß sich tendenziell die so geführten Gegenstandsbereiche mehr auf solche reagierender, denn aktiver Art reduzieren werden. Mit der Einrichtung eines Zentralbereiches Unternehmensentwicklung könnte dagegen eher ein innovatives Verhalten ermöglicht und umgesetzt werden. Denn die Suche nach geeigneten Strategien kann auch angebracht sein, obwohl keine akuten, sondern nur potentielle Probleme vorliegen.[2] Unternehmensportfolien können ausgeglichen sein. Das muß aber nicht heißen, daß nicht noch günstigere Strukturen zu erzielen wären oder möglicherweise nicht nach besseren oder aktuelleren Diagnose- und Planungsinstrumenten gesucht werden sollte.[3]

---

1) Vgl. KREIKEBAUM 1981, S. 116-117 und S. 120.

2) Vgl. KREIKEBAUM 1981, S. 43.

3) Ebenda, S. 74.

Die Rechtfertigung für einen Zentralbereich Unternehmensentwicklung leitet sich deshalb auch aus dem Zwiespalt ab, der zwischen der typischen Grundanforderung an einen Manager und der Erledigung der hier möglicherweise zur Diskussion stehenden Aufgaben gegeben ist. Eine der typischen Grundanforderungen etwa an einen Unternehmensbereichsleiter ist die optimistische Einstellung.[1] "Die Suche nach möglichen Bedrohungen und die Bereitschaft, solche Bedrohungspotentiale aufzuspüren, kann dagegen als Pessimismus ausgelegt werden".[2] Dies wäre eine Einschätzung, die sachlich nicht zutreffen muß, aber als psychologischer Tatbestand in die Betrachtung einzubeziehen ist. Die Berufung eines Vorstandsmitgliedes für Unternehmensentwicklung in der erfolgreichen Unternehmung Bertelsmann könnte hierzu eine Antwort sein.

C. Arbeitsprinzipien eines Zentralbereiches Unternehmensentwicklung als Voraussetzung für die Vergleichbarkeit und Integration der Arbeitsergebnisse

I. Die Strukturmerkmale des mehrdimensionalen Organisationsmodells als Basis

Es wurde bereits darauf hingewiesen, daß gleichrangig neben der zutreffenden Identifizierung der für das weitere Corporate Development beispielsweise wesentlichen Gegenstandsbereiche die Festlegung der entsprechenden Arbeitsprinzipien zu sehen ist, nach denen ein Zentralbereich Unternehmensentwicklung seine Leistung(en) zu erbringen hat. Die Arbeitsprinzipien haben sich an den Strukturmerkmalen des jeweils gültigen Organisationsmerkmals zu orientieren. Sie gelten grundsätzlich auch für den Fall, daß die einzelnen Gegenstandsbereiche zunächst in Form des Anhängeverfahrens behandelt würden.

---

1) Vgl. BUSSE 1985, S. 169.

2) Ebenda.

Jede Unternehmung ist dadurch charakterisiert, daß Zuständigkeiten dafür bestehen bzw. geregelt werden müssen, was getan und wann es zweckmässigerweise getan wird und wie es erledigt wird und durch wen. Die dieser Arbeit zugrundeliegende idealtypische Unternehmung hat eine an dem Matrixmodell orientierte, unternehmensindividuelle Matrixorganisation, wobei die Zentralisationskriterien Objekt und Verrichtung im Vordergrund stehen. Global gesehen würden die objektorientierten Bereiche das Was und das Wann, die verrichtungsorientierten Bereiche das Wie und das Wer bestimmen.[1)] Im vorliegenden Fall trifft das für alle Aufgaben und Funktionen zu, soweit sie nicht in den Unternehmensbereichen enthalten sind, wie beispielsweise Finanzen, Fertigung, Personal- und Sozialwesen.

Im nachfolgenden sollen die grundsätzlichen Arbeitsprinzipien der Typen A, B und C unter Berücksichtigung der vorgenannten Systematik dargestellt werden. Gleichzeitig werden den Arbeitsprinzipien beispielhaft Gegenstandsbereiche zugeordnet, wie sie sich unternehmensindividuell ergeben können. Erst die Eindeutigkeit der Prinzipien selbst sowie die Übereinstimmung zwischen Gegenstandsbereich und Arbeitsprinzip ermöglichen eine Vergleichbarkeit der Arbeitsergebnisse des Zentralbereiches Unternehmensentwicklung - etwa mit anderen Arbeitsergebnissen innerhalb des gültigen Organisationsmodells - sowie die Integration der Arbeitsergebnisse in die Unternehmensentwicklung und das Gesamtsystem organisatorischer Regelungen.

II. Das Arbeitsprinzip "Originäre zentrale Verantwortung" als Typ A

1. Inhaltliche Festlegungen

Das Arbeitsprinzip vom Typ A ist dadurch charakterisiert, daß die Zuständigkeiten für das Was, Wann, Wie und Wer zusammenfallen. Damit ergibt sich eine direkte, originäre Gesamtverantwortung

---

1) Vgl. BLEICHER 1979, S. 99.

für die Behandlung einer spezifischen Aufgabenstellung und für das Arbeitsergebnis.

Die Aufgabenstellung mag sich zu Beginn aus der Analyse der Zielabweichungen und der daraus resultierenden Beeinträchtigungen des Corporate Development ergeben. Im weiteren Verlauf ist die Aufgabenstellung durch die ausführende Institution zu verselbständigen und sachgerecht weiterzuentwickeln. Alle Systemmitglieder sind darüber hinaus zu der einvernehmlichen Feststellung gekommen, die Aufgabenstellung zentral wahrnehmen zu lassen und das Arbeitsergebnis allen bzw. allen nachfragenden Systemmitgliedern zur Verfügung zu stellen.

2. Typ A und Aufgabenstellungen am Beispiel

Die Aufgabenstellung kann sich aus der Analyse und Schlußfolgerung ergeben, bestimmte Aktivitäten zukünftig nicht mehr jeweils divisional wahrzunehmen, sondern vor allem aus Kostengründen zentral durchführen zu lassen. Eine solche Aufgabenstellung wäre beispielsweise eine zentrale Grundlagenforschung oder auch eine zentrale Werkstofftechnik. Zielsetzung einer solchen, zukünftig zentralen organisatorischen Einheit wäre es daher, die Summe der bisherigen divisionalen Arbeitsergebnisse nunmehr aufgrund quantitativer Poolung zu deutlich geringeren Kosten oder ein höherwertigeres Ergebnis bei gleichen Kosten aufgrund qualitativer Poolung zu erreichen.

In einem anderen Fall mag eine generelle Verwundbarkeitsanalyse ergeben, daß die Lizenzpolitik zukünftig von überragender Bedeutung sein kann und zwar insbesondere in ihrem spezifischen Beitrag als Vertriebsweg besonderer Art. Die Analyse soll ferner ergeben, daß diese Bedeutung für die Gesamtunternehmung zu erwarten ist. Daher mögen alle Systemmitglieder zugleich auch darin übereinstimmen, die Aufgabenstellung von Anfang an zentral durchführen zu lassen. Eine spätere Divisionalisierung der entsprechenden Aktivitäten soll nicht ausgeschlossen sein, sobald ein ausreichendes Know-how im Hinblick auf ein sachgerechtes Vorgehen in dieser für zukünftige Wettbewerbspositionen so bedeutsamen Aufgabenstellung vorliegt.

III. Das Arbeitsprinzip "Erbringung abgeleiteter Dienstleistung" als Typ B

1. Inhaltliche Festlegungen

Das Arbeitsprinzip vom Typ B ist dadurch charakterisiert, daß es grundsätzlich die Zuständigkeit nur für das Wie und das Wer beinhaltet. Die Zuständigkeit für das Was und Wann bleiben beispielsweise bei den einzelnen Unternehmensbereichen. Im Interesse einer Optimierung des Gesamtergebnisses werden jedoch das (verrichtungsorientierte) Wie und Wer einer anderen organisatorischen Einheit übertragen, die damit eine sogenannte abgeleitete Dienstleistung erbringt.

Die Analyse der Zielabweichungen mag ergeben, daß alle für ein abgesichertes Corporate Development wesentlichen Funktionen oder Aufgabenstellungen in den einzelnen Unternehmensbereichen wahrgenommen werden. Jedoch zeigt sich gleichzeitig, daß zwischen den Unternehmensbereichen erhebliche qualitative (Verrichtungs-) Unterschiede bestehen, die sich zu Lasten der Unternehmensgesamtentwicklung auswirken. Oft mag ein Grund darin liegen, daß das Verrichtungs-Know-how bei konsequent divisionaler Wahrnehmung einer Aufgabenstellung nicht zu jeder Zeit gleichmäßig in der Gesamtunternehmung diffundiert. Das kann an (noch) unzweckmässigen Kommunikationssystemen liegen. Es kann aber auch sein, daß die einzelnen Unternehmensbereiche im Laufe der Zeit bestimmte Aufgabenstellungen mit - auch ungewollt - falschen Prioritäten versehen, und damit automatisch in Know-how Rückstand geraten.[1)]

---

1) Vgl. auch KREIKEBAUM 1981, S. 116-117.

2. Typ B und Aufgabenstellungen am Beispiel

Eine Konsequenz aus der Analyse der Zielabweichungen kann sein, daß neben der bisher divisional durchgeführten strategischen Planung zukünftig eine zentrale strategische Planung eingerichtet werden muß. Eine ihrer Hauptaufgaben soll in der laufenden Aktualisierung und Optimierung der Diagnose- und Planungsverfahren bestehen. Dies schließt die entsprechende Beratung der Unternehmensbereiche sowie die Unterstützung bei der Einführung und Praxis eines neuen Verfahrens mit ein. Die zentrale strategische Planung trägt die Verantwortung, daß die Unternehmung als Ganzes wie die Unternehmensbereiche im einzelnen gegenüber der Gesamtbranche wie gegenüber den einzelnen Wettbewerbern in den instrumentalen Voraussetzungen strategischer Planung grundsätzlich keine Wettbewerbsnachteile aufweisen. Ob und inwieweit die Unternehmensbereiche das Instrumentarium nutzen, liegt in ihrer Zuständigkeit und Verantwortung. Zielabweichungen, die sich zukünftig auf nicht genutzte Instrumentarien zurückführen lassen, sind dann von den Unternehmensbereichen auch direkt zu verantworten.

Die laufende Kontrolle der die Entwicklung eines Unternehmensbereiches bestimmenden Erfolgsfaktoren liegt in der divisionalen Zuständigkeit. Die Erfahrungen der jüngsten Zeit geben allerdings zu der Überlegung Anlaß, gegebenenfalls zusätzlich einer organisatorischen Einheit die Beobachtung zumindest der für die Gesamtunternehmung einheitlich kritischen Erfolgsfaktoren im Sinne eines strategischen Controlling zu übertragen. Diese organisatorische Einheit wäre darüber hinaus dafür verantwortlich, daß rechtzeitig auch die entsprechenden instrumental-systematischen Voraussetzungen erarbeitet sind, um den neuen, dominanten Gegenstandsbereich in die Gesamtunternehmensentwicklung dann auch praktisch umsetzen zu können.

Ein typisches Beispiel - seit dem Ende ausschließlich quantitativen Wachstums - ist die inzwischen überragende Bedeutung des

Erfolgsfaktors Technologie. Diese Entwicklung kann sich für alle oder zunächst für einzelne Unternehmensbereiche einer Unternehmung ergeben haben, ohne daß jedoch für die Gesamtunternehmung die verschiedenen Konsequenzen entsprechend eingeschätzt wurden (oder eingeschätzt werden konnten). Strategische und technologische Optionen eines Unternehmensbereiches stehen zukünftig in direkter Abhängigkeit von der strategischen und technologischen Position dieses Unternehmensbereiches.[1] Diese Entwicklung zwingt - über die direkten Konsequenzen für einen Unternehmensbereich hinaus - im Rahmen eines Technologie-Managements auch zu einer Synergienutzung quer durch alle Geschäftseinheiten und Unternehmensbereiche.[2]

Eine ähnliche strukturelle Veränderung hat sich für die Human Ressourcen ergeben. Die Menschen bzw. die Mitarbeiter einer Unternehmung haben inzwischen den Rang kritischer Erfolgsfaktoren eingenommen.[3] Das Personalmanagement ist zukünftig mehr denn je differenziert nach Funktionsbereichen auszurichten.[4] Inzwischen beginnen erste Diskussionen zu der Frage, ob und wie sogar die Kultur einer Unternehmung über ihre Rolle als Produktionsfaktor hinaus auch zu einem Wettbewerbsfaktor gestaltet werden kann.[5]

Aufgrund der erschwerten Kontextbedingungen und der dadurch belasteten Austauschbeziehungen der Systeme waren diese strukturellen Veränderungen innerhalb der Erfolgs- und Wettbewerbsfaktoren vorauszusehen. Diese Entwicklung wird weitergehen. Unternehmungen, die darauf zumindest zukünftig im Sinne der obengenannten Lösung reagieren, können daher mögliche Bedrohungspotentiale rechtzeitiger identifizieren und bei sachgerechter Reaktion ihre Wettbewerbsposition sichern oder sogar verbessern.

---

1) Vgl. SOMMERLATTE/DESCHAMPS 1985, S. 60

2) Ebenda, S. 68.

3) Vgl. LAUKAMM/WLSH 1982 und 1985, S. 78-100.

4) Vgl. DOMSCH/JOCHUM 1984.

5) Vgl. HEINEN 1985.

Die zentrale organisatorische Einheit, die sich insoweit ergänzend zu den divisionalen Aktivitäten mit einem kontinuierlichen Abgleich strategischer Positionen und Optionen befaßt, erbringt eine Dienstleistung, die aus den originären Zuständigkeiten der Unternehmensbereiche mit deren Zustimmung abgeleitet ist. Die Arbeitsergebnisse stehen allen nachfragenden Bereichen zur Verfügung. Die Umsetzung der Arbeitsergebnisse in die einzelnen Unternehmensbereiche und die Auswirkungen auf die jeweilige Entwicklung dieser Bereiche liegen in der Zuständigkeit und der Verantwortung dieser Unternehmensbereiche selbst. Zukünftige Defizite an Corporate Development, die sich auf unzureichende Integration dieser Dienstleistungen zurückführen lassen, sind von den Unternehmensbereichen direkt zu verantworten.

IV. Das Arbeitsprinzip "Konferenz mit Entscheidungszwang" als Typ C

1. Inhaltliche Festlegungen

Für das Arbeitsprinzip vom Typ C gilt zunächst, daß sich an den bisherigen Was- und Wie-Zuständigkeiten grundsätzlich nichts ändert. Unter der Konferenz soll eine Art Zwischensystem verstanden werden,[1] das in der Unternehmung Organisations- und Harmonisationseinheiten einer bestimmten Ordnung unter Wahrung ihrer Zuständigkeiten zu einer Ordnung besonderer bzw. höherer Art zusammenfaßt.[2] Über diese Konferenz sollen spezifische Aufgabenstellungen oder Gegenstandsbereiche behandelt werden, die für die weiteren unternehmensbereichsbezogenen Entwicklungen von gleichermaßen überragender Bedeutung sein werden. Die Konferenz integriert als Teilnehmer die gleichen Systemmitglieder, die im Rahmen der gültigen Strukturorganisation auch bisher aus ihrer Zuständigkeit für das Was und das Wie die Verantwortung für das Corporate Development haben. Damit ist ein Höchstmaß an Parti-

---

1) Vgl. BLEICHER 1979, S. 80-82.

2) Ebenda, S. 78.

zipation sichergestellt, was die entscheidende Voraussetzung für die Funktionsfähigkeit der Konferenz selbst wie für die Verbindlichkeit der Arbeitsergebnisse und ihre Integration ist.

Die Praxis zeigt immer wieder den Versuch, bestehende Strukturorganisationen durch die Institutionalisierung von Ausschüssen, Kommissionen oder Konferenzen nachträglich zu optimieren. Die neue Strukturorganisation des Bayer-Konzerns implementiert von Anfang an als Voraussetzung ihrer Funktionsfähigkeit (Vorstands-) Ausschüsse und zentrale Konferenzen.[1)] Das spezifische Merkmal des Arbeitsprinzips vom Typ C ist jedoch, daß für die Konferenz im Interesse der Gesamtunternehmung wie der einzelnen Systemmitglieder Entscheidungszwang[2)] besteht. Hierzu ist eine Geschäftsführung der Konferenz erforderlich, die sicherstellt, daß Entscheidungen herbeigeführt und notwendige Maßnahmen eingeleitet sowie die Ergebnisse in die Unternehmensgesamtentwicklung verbindlich integriert werden.

Die Geschäftsführung der Konferenz ist - im Falle des Anhängeverfahrens - von einem der teilnehmenden Leiter der Unternehmensbereiche oder der Zentralbereiche wahrzunehmen. Für den Fall der Einrichtung eines Zentralbereiches Unternehmensentwicklung bietet sich die Geschäftsführung durch den Leiter dieses neuen Zentralbereiches an. Damit wäre ein Optimum an Neutralität und kollisionsfreier Entscheidungsführung sichergestellt. Darüber hinaus könnte die Geschäftsführung auf Dauer institutionalisiert werden, während sie im Falle des Anhängeverfahrens zwischen den teilnehmenden Systemmitgliedern sicherlich wechseln müßte.

2. Typ C und Aufgabenstellungen am Beispiel

Im Zusammenhang mit den Ausführungen zu einer nachträglichen Divisionalisierung beispielsweise der Fertigung wurde bereits da-

---

1) Vgl. STRENGER 1985, S. 207-222.

2) Vgl. BLEICHER 1981, S. 450-455.

rauf hingewiesen, daß als flankierende Ergänzung gleichzeitig eine Harmonisationsebene geschaffen werden muß, um bestimmte Vorteile der vorherigen Zentralisierung zu erhalten. Eine Konferenz für Fertigungskoordination mit Entscheidungszwang wäre danach die entsprechende Integrationsebene, um beispielsweise Fragen der Fertigungsausgleiche oder der zukünftigen Technologieinvestitionen zu behandeln und zu entscheiden. In einem anderen Fall mag die Analyse der Zielabweichungen ergeben, daß die frühere Divisionalisierung der Fertigung zwar nach wie vor zutreffend ist, diese Entscheidung aber durch die Einrichtung einer solchen Konferenz nachzubessern ist.

Das Arbeitsprinzip vom Typ C ist jedoch - wie an anderer Stelle angesprochen[1] - vor allem der entscheidende instrumentale Ansatz für ein Management der Synergienutzung. Die sich daraus der Art und der Bedeutung nach ergebenden Aufgabenstellungen erklären auch, warum für die Konferenz Entscheidungszwang besteht. Das wiederum setzt voraus, daß die Konferenz mit Kompetenz ausgestattet ist, was sich aus der Struktur der Teilnehmer herleitet.

Die Analyse der Zielabweichungen mag für einen Unternehmensbereich A zu dem Ergebnis führen, daß zukünftig eine aggressive Lizenzpolitik betrieben werden muß. Eine erste Konsequenz soll darin bestehen, eine (zunächst) zentrale organisatorische Einheit mit der Strukturierung und dem Aufbau dieser Aufgabenstellung zu beauftragen. Die langfristigen Folgerungen für den betroffenen Unternehmensbereich bestehen jedoch vor allem darin, daß zukünftig keine Direktlieferungen in einen bestimmten Markt oder eine Region mehr möglich sein werden. Es ist vielmehr eine nationale Fertigung aufzubauen. War die Fertigung bereits divisionalisiert, so ist die zukünftige Unterauslastung der bereichsbezogenen Fertigung zunächst eine Angelegenheit des betroffenen Unternehmensbereiches selbst. Er wird seine Kapazität jedoch über eine Konferenz für Fertigungskoordination - wenn es sie

1) Vgl. S. 93 - 94.

gibt - den anderen Unternehmensbereichen im Rahmen ihrer langfristigen Planung anbieten. Andernfalls stehen desinvestive Entscheidungen an. War die Fertigung noch nicht divisionalisiert, sind die Folgerungen mit dem Zentralbereich Fertigung und allen anderen nachfragenden Unternehmensbereichen zu entscheiden. Es kann aber auch zusätzlich die besondere Konstellation gegeben sein, daß ein anderer, zunächst unbeteiligter Unternehmensbereich B durch die lizenzpolitischen Notwendigkeiten des Schwesterbereiches indirekt betroffen wird und unter vorzeitigen Zugzwang kommt. Beide Unternehmensbereiche stehen nämlich insoweit in gegenseitiger Abhängigkeit, als Produkte des Bereiches B für die Produkte des Bereiches A zugeliefert werden. Eine zukünftige Lizenzfertigung würde damit direkt auch die Fertigung des Bereiches B betreffen. Die Produkte des Bereiches B werden zwar auch in dem Markt abgesetzt, für den der Bereich A eine Lizenzentscheidung treffen muß, jedoch zeichnen sich für ihn noch keine Eintrittsbarrieren ab. Die für den Bereich A neue Situation kann deshalb den Bereich B veranlassen, früher als nötig ebenfalls eine Lizenzfertigung zu überlegen. Eine vorgezogene Überprüfung seiner kritischen Erfolgsfaktoren mag ergeben, daß mit einer Lizenzfertigung seinerseits frühzeitig wirksame Markt- bzw. Eintrittsbarrieren gegenüber seinen Wettbewerbern aufgebaut werden können. Die Kapazitätsauswirkungen nunmehr insgesamt in den Stammwerken der Bereiche A und B wären entsprechend Gegenstand einer Konferenz für Fertigungskoordination. Entscheidend ist, daß der langfristige Handlungsbedarf des Unternehmensbereiches A rechtzeitig genug und vor allem auf einer Integrations- bzw. Harmonisationsebene zur Sprache kommt, die eine zügige und konsequente Behandlung bei einem zugleich hohen Partizipationsgrad erlaubt. Eine Konferenz für Vertriebskoordination mit Entscheidungszwang wäre der sachgerechte instrumentale Ansatz.

In dem vorbeschriebenen Fall, der je nach unternehmensindividueller Situation noch komplexer strukturiert sein kann, ergibt sich der Anstoß zur Suche nach Synergienutzung vom Markt her. Ähnliche Situationen können von den im Rahmen der Matrixorganisation divisionalisierten Entwicklungsbereichen ausgehen. Eine Konferenz für Entwicklungskoordination mit Entscheidungszwang kann die Integrationsebene sein, auf der die einzelnen Unternehmensbereiche ihre Rahmenentwicklungspläne abstimmen, um gegebenenfalls Doppelarbeiten zu vermeiden oder abgestimmte Aufgabenstellungen an die zentrale Grundlagenforschung[1)] zu entscheiden. Vor allem aber wäre durch diese Konferenz die Möglichkeit gegeben, bereichsübergreifend "technologische Entwicklungen ausserhalb des Unternehmens zu verfolgen und Chancen und Gefahren für die Unternehmung zu erkennen".[2)] Damit kann rechtzeitig in übereinstimmender Bewertung bereichsübergreifend der Vorbereitungsgrad der Unternehmung erhöht werden.

Das Management der Synergienutzung ist die Alternative zu erhöhtem unternehmensbereichsbezogenem Aufwand. Das Arbeitsprinzip vom Typ C könnte der Weg sein, unter Beachtung der durch die unternehmensindividuelle Matrixorganisation einerseits gesetzten Vorgaben und unter Nutzung ihrer andererseits zusätzlich gebotenen Möglichkeiten diese Aufgabenstellung für das weitere Corporate Development sachgerecht und schlüssig zu erfüllen.

D. Detaillierte Darstellung von Arbeitsprinzipien und Aufgabenstellungen an ausgesuchten Beispielen

I. Konferenz für Vertriebskoordination

1. Art und Umfang der Geschäftsvorgänge

Divisionale sowie Matrixorganisationen stellen in den Mittelpunkt ihres Organisationszieles das Produkt bzw. den Markt. Bei der Suche nach Synergienutzung im Vertrieb bzw. aus der Sicht der Märkte ergeben sich in der Regel immer auch Rückwirkungen

---

1) Vgl. S. 111.

2) SOMMERLATTE/DESCHAMPS 1985, S. 68.

auf die divisionalisierten Hauptfunktionen Entwicklung und Fertigung. Konferenzen nur für die Koordination von Entwicklung und/oder Fertigung würden unter ihrem Optimum bleiben, wenn sie nicht im Verbund mit einer Konferenz für Vertriebskoordination stehen. Eine Unternehmung, die als Strukturmerkmal zunächst nur eine Konferenz für Vertriebskoordination ausweist, hat daher bereits einen großen Schritt in Richtung eines Managements der Synergienutzung insgesamt getan.

Grundsätzlich stehen alle Vorgänge zur Behandlung in der Konferenz für Vertriebskoordination an, für die sich in den einzelnen Unternehmensbereichen im Hinblick auf die weitere bereichsbezogene Entwicklung Kosten- und Nutzenüberlegungen ergeben. Ein typisches Beispiel mögen Untersuchungen sein, in einem bestimmten Markt oder einer Region die eigene Vertriebs- oder Serviceorganisation weiter auszubauen oder auf Dauer oder auch nur für eine bestimmte Zeit die Organisation eines anderen Unternehmensbereiches zu nutzen. Im Rahmen der weiteren Internationalisierung mag sich auch die Frage ergeben, in einem für den Unternehmensbereich neuen Markt aus Risikogründen zunächst die bereits vorhandene Vertriebsorganisation eines anderen Unternehmensbereiches zu nutzen und stattdessen bevorzugt erst einmal in eine eigene leistungsfähige Serviceorganisation zu investieren. In beiden Fällen kann sich für den leistenden Unternehmensbereich ergeben, daß er rechtzeitig gewisse Anpassungsinvestitionen vornehmen muß, zu denen mit dem nachfragenden Bereich Zielvereinbarungen zu treffen sind. Auch kann sich ergeben, daß die Schwester-Organisationen aus schlüssigen Gründen nicht zur Verfügung stehen. Dies mag für den nachfragenden Unternehmensbereich noch zu einer rechtzeitigen Revision seiner geplanten Unternehmensentwicklung führen.

Zu den relevanten Geschäftsvorgängen zählt vor allem auch der schon an anderer Stelle erwähnte Tatbestand, daß ein Unternehmensbereich zu lizenzpolitischen Aktivitäten gezwungen sein kann, die andere Bereiche unerwartet tangieren werden. Dieser

Geschäftsvorgang mag insgesamt zu einer intensiven Überprüfung Anlaß geben, ob und inwieweit die internationalen Wettbewerbspositionen der Gesamtunternehmung stabilisiert oder sogar verbessert werden können, wenn zukünftig verschiedene Märkte nicht mehr aus den Stammwerken, sondern aus nationalen Produktionen beliefert würden. Hieraus können sich verschiedene Konsequenzen von großer Tragweite ergeben.Mit großer Wahrscheinlichkeit wird es zu Kapazitätsanpassungen in den Stammwerken kommen. Hierzu sind rechtzeitige Verhandlungen mit dem Betriebsrat aufzunehmen, wenn nicht zu gegebener Zeit der Handlungsbedarf eines oder verschiedener Unternehmensbereiche blockiert werden soll.[1)] Der Betriebsrat wird sich im Interesse der Unternehmensentwicklung den Argumenten gegenüber aufgeschlossen zeigen. Allerdings ist zu erwarten, daß der Betriebsrat gleichzeitig Vorschläge etwa zu möglicher Diversifikation erwartet, um die freiwerdenden Arbeitsplätze umzustrukturieren. Damit würden zugleich Überlegungen und Untersuchungen angestoßen, ob und inwieweit neue Geschäftsfelder auf der Grundlage verfügbarer Human Ressourcen aufgebaut werden können.[2)] Dieser Weg bietet sich dann an, wenn Übereinstimmung darin besteht, daß aus Risikogründen Diversifikationen auszuschließen sind, die nicht Bezug auf die Fähigkeiten und Erfolgsfaktoren der Unternehmung nehmen. Sollten alle diese Untersuchungen weitgehend negativ ausgehen, können sich möglicherweise für die ursprünglichen lizenzpolitischen Aktivitäten unerwartete Restriktionen im nachhinein ergeben.

Eine in Dritt- und Schwellenländern errichtete Lizenzfertigung kann neben den bereits angedeuteten Konsequenzen auch zu Folgerungen für die Entwicklungsbereiche der Unternehmung führen. Lizenzfertigungen der geschilderten Art sind in der Regel mit Auflagen des jeweiligen Landes dahingehend belastet - insbesondere dann, wenn nationale Investitionshilfen in Anspruch genommen werden - daß die nun national gefertigten Produkte aus De-

---

1) Vgl. S. 47-48.

2) Vgl. LAUKAMM/WALSH 1985, S. 113-122.

visengründen auch exportiert werden müssen. Damit entsteht für den auslösenden Unternehmensbereich eine hausgemachte Konkurrenz auf seinen sonstigen angestammten Märkten. Das führt langfristig zu weiteren Kapazitätsverkürzungen in den Stammwerken oder zu der Entscheidung, im Sinne der Produktkonkurrenz für die angestammten Märkte eine neue Produktgeneration zu entwikkeln und zwar früher als eigentlich nötig und geplant.

Strukturiert man einmal nur den bisher geschilderten Gesamtkomplex, so lassen sich für eine Konferenz für Vertriebskoordination folgende schwergewichtige Einzelaufgaben erkennen, für die Entscheidungen herbeizuführen bzw. Maßnahmen auszulösen sind:

° Institutionalisierung einer organisatorischen Einheit Lizenzwesen

° Analyse der Kapazitätsauswirkungen einschließlich langfristiger Kapazitätsaustausche unternehmensweit

° Langfristige Fertigungsstandortpolitik

° Strategiegespräche mit dem Betriebsrat

° Suche nach Diversifikationen

° Analyse der Human Ressourcen

° Überarbeitung der Rahmenentwicklungspläne

° Überprüfung der langfristig abgesicherten Kongruenz von strategischer Planung und Unternehmensentwicklung

° Verabschiedung der Konzepte und der Einzelmaßnahmen in Übereinstimmung mit dem Betriebsrat und der Gesamtunternehmensleitung

° Kontrolle der Realisierung.

Es ist unschwer zu erkennen, welcher Zeitbedarf benötigt wird, um den beschriebenen Handlungsbedarf abzuarbeiten. Es ist aber auch zu erkennen

° wie sorgfältig bei der Analyse der Defizite an Corporate Development den Abweichungen, ihren Ursachen und den Handlungsspielräumen nachgegangen werden muß

° daß eine Integrationsebene benötigt wird, um bei unverändert gültiger Strukturorganisation Handlungsbedarfe unter dem Gesichtspunkt der Synergienutzung erfüllen zu können

° warum die (jeweilige) Konferenz mit Entscheidungszwang versehen werden muß.

Auch für Unternehmungen mit Matrixorganisation gilt, daß die Unternehmensbereiche bis in den Markt divisionalisiert operieren. Der Vorteil, über eigene Vertriebswege den vollen Marktdurchgriff zu haben und zugunsten des Kunden wie des Unternehmensbereiches ein hohes Maß an Flexibilität realisieren zu können, ist insbesondere zu Zeiten starken quantitativen Wachstums offensichtlich. Inzwischen sind - international unterschiedlich - Mengenkonjunkturen vorerst zu Ende gegangen. Die Wettbewerbsverhältnisse haben sich drastisch verschärft. Die Analyse der Zielabweichungen mag für verschiedene Unternehmensbereiche u.a. auch zu dem durchaus gleichlautenden Ergebnis führen, unter Beibehaltung der Kundenorientierung dennoch eine Rationalisierung der regionalen Vertriebswege durch Nutzung synergistischer Effekte anzustreben.

Die Summe aller Vertriebswege einer Region läßt sich nach divisionalen und zentralen Bestandteilen strukturieren. Für jeden Unternehmensbereich entstehen Kosten, die mit Gebäuden, Personal, Verwaltung, Finanzen, Abwicklung usw. anfallen und in etwa gleich sind. Unterschiede bestehen dagegen in der Regel im Vertrieb und beim Kundendienst. Die jeweils gleichen Kostenarten können als Dienstleistung zusammengefaßt und damit rationalisiert werden. Damit wären Überlegungen anzustellen, statt bisher völlig getrennter Gesellschaften zukünftig Landes- bzw. Dachgesellschaften vorzusehen. Die Landesgesellschaft mit ihren dislozierten Niederlassungen wird damit zum Schaufenster des Stammhauses. Vor dem Schaufenster bleibt die divisionale Präsenz der einzelnen Unternehmensbereiche. Hinter dem Schaufenster wird sozusagen eine besondere Variante der Matrixorganisation des Stammhauses (nach-) vollzogen. Diese regionale Rationalisierung der Vertriebsorganisationen der einzelnen Unternehmensbereiche ähnelt den strukturorganisatorischen Korrekturen, wie sie an anderer Stelle beschrieben wurden.

Wenn sich die Unternehmensbereiche für den Typus der Landesgesellschaft als zukünftig richtiger Reaktion auf Rationalisierungsnotwendigkeiten und Markterfordernisse entscheiden, bedarf es einer Integrationsebene, um operationelle Fragen einer Region sowie gegebenenfalls auch regional-strategische Erfordernisse bereichsübergreifend behandeln zu können. Diese Integrationsebene kann die Konferenz für Vertriebskoordination sein.

2. Basis einer Geschäftsordnung

Die Bedeutung des Arbeitsprinzips vom Typ C für das unternehmensindividuelle Gesamtsystem organisatorischer Regelungen wird dadurch deutlich, daß andernfalls die einzelnen Geschäftsvorgänge - operationeller wie strategischer Art - jeweils Gegenstand von Vorstands- oder Geschäftsführersitzungen sein würden. Für sie treffen originär Entscheidungskompetenz und Entscheidungszwang zu. Wenn nun auch in einer Konferenz zu wesentlichen Fragen strategischer und operativer Planungen Entscheidungen getroffen werden sollen, so ist damit weder eine Reduzierung der Zuständigkeiten des Vorstands noch eine Aushöhlung der Vorstandssitzung als Entscheidungsebene zur Wahrnehmung der Geschäftsführung beabsichtigt. Nach § 76 I AktG obliegt die Geschäftsführung allein dem Vorstand. Allerdings hat der Vorstand andererseits die (instrumentalen) Voraussetzungen zur sach- und situationsgerechten Wahrnehmung der Geschäftsführung laufend anzupassen. Das kann vor allem durch die Einführung einer neuen Strukturorganisation oder über die Weiterentwicklung oder Ergänzung bestehender Strukturorganisationen geschehen. Es ist Angelegenheit des Vorstands oder der Geschäftsführung, welche instrumentalen Voraussetzungen er sich schafft, um nach den Vorschriften des Gesetzes (sowie der Satzung und der Geschäftsordnung) die Geschäftsführung wahrnehmen zu können.[1)]

Das Arbeitsprinzip vom Typ C soll eine Lösung sein, der Geschäftsführung einer Unternehmung mit Matrixorganisation ein Management der Synergienutzung zu ermöglichen. Die an anderer Stelle beispielhaft angesprochene Komplexität von Aufgabenstellungen hat erkennen lassen, daß äußerstenfalls nur noch abschließende Entscheidungen Gegenstand einer formal zuständigen Vorstandssitung sein würden. Beschlußfassungen zu Einzelschritten und Einzelaufgaben müßten Angelegenheit der Konferenz sein. Das setzt allerdings voraus, daß mit der Anwendung des Arbeitsprinzips vom Typ C mindestens drei Voraussetzungen erfüllt sind. Die Konferenz muß mit Kompetenz ausgestattet sein. Das ist - je nach Geschäftsvorgang - durch die unterschiedlich strukturierte Teilnahme der Leiter der Unternehmensbereiche und der Zentralbereiche sichergestellt. Die Konferenz muß ferner zur Entscheidung verpflichtet sein. Entscheidungen in einer Vorstandssitzung müssen oft genug deshalb noch zurückgestellt werden, weil sich in der Behandlung einer Thematik weitere Fragen ergeben , die aufgrund der Teilnehmerstruktur in einer Vorstandssitzung nicht immer unmittelbar erledigt werden können. Im Gegensatz dazu hat die Konferenz die Möglichkeit, im Sinne eines optimal gestalteten Gegenstromverfahrens[2)] unbeschränkt weitere, fachbereichsbezogene Kompetenzträger hinzuzuziehen. Deswegen muß die Konferenz zur Entscheidung verpflichtet sein, andernfalls die Vorstandssitzungen wieder mit Details und zu beschließenden Einzelaktivitäten belastet würden. Die Konferenz muß schließlich als Merkmal der Strukturorganisation festgeschrieben werden, womit sie integraler Bestandteil des auf die weitere Unternehmensentwicklung ausgerichteten Systems organisatorischer Regelungen ist.

---

1) Vgl. STRENGER 1985, S. 217.

2) Vgl. KREIKEBAUM 1981, S. 100-101.

Auf dieser Basis kann eine eindeutige, leistungs- und entscheidungsorientierte Geschäftsordnung entwickelt werden. Die Geschäftsvorgänge sind - unternehmensindividuell - danach zu bestimmen, welche in der Konferenz behandelt werden müssen und welche dort behandelt werden können. Die Struktur der Teilnehmer ist damit grundsätzlich festgelegt. Die Konferenz ist verpflichtet, im Hinblick auf zügige, sach- und situationsgerechte Entscheidungen sowie im Hinblick auf einen hohen Partizipationsgrad weitere Teilnehmer hinzuzuziehen. Die Konferenz trifft Entscheidungen und hat diese auch gesamthaft zu vertreten. Sie vereinbart die Durchführung von Maßnahmen und führt auch das Controlling durch.

Der Geschäftsführer der Konferenz ist für die Einhaltung der Geschäftsordnung verantwortlich. Er ist vor allem auch dafür verantwortlich, daß in der Abwicklung von Aufgabenstellungen rechtzeitig aus der Konferenz Vorlagen an den Gesamtvorstand erfolgen, um für die Entscheidungen und Arbeitsergebnisse der Konferenz die formal-rechtliche Genehmigung auf der Entscheidungsebene der Vorstandssitzung einzuholen. Die Konferenz hat zweckmässigerweise einen jour-fixe.

Der Geschäftsführer der Konferenz vertritt die Entscheidungen, die Arbeitsergebnisse und damit auch die Vorlagen an den Gesamtvorstand innerhalb der Gesamtunternehmensleitung. Da der Geschäftsführer selbst ein Mitglied des Vorstandes ist, sollte keine Gefahr gesehen werden müssen, daß die Arbeit der Konferenz grundsätzlich mit Vorschriften des Aktiengesetzes kollidiert.

Im Rahmen des üblichen Planungszyklus finden beispielsweise ab Herbst eines Jahres zwischen den einzelnen Unternehmensbereichen und ihren regionalen Vertriebsorganisationen Planungsgespräche statt, in denen die neuen Kurz- und Mittelfristplanungen verabschiedet werden. Sofern die Unternehmung zukünftig auf das Prinzip einer Landesgesellschaft übergeht, könnte die Konferenz für Vertriebskoordination auch die entsprechende Integrationsebene sein, um unter hoher Partizipation sowohl operative als auch strategische (Regional-) Planungen zu behandeln und zu verabschieden.

3. Merkmale der Entscheidungsmechanik

Mit den vorangegangenen Ausführungen sollte aufgezeigt werden, daß das Arbeitsprinzip vom Typ C in seiner Ausprägung als Konferenz mit Entscheidungszwang keine Kommunikations- und Entscheidungsinsel innerhalb der Unternehmung darstellen würde. Das Arbeitsprinzip bestätigt ausdrücklich die Matrixorganisation, indem Merkmale des Matrixmodells aufgenommen und im Hinblick auf ein Corporate Development unter erschwerten Austauschbeziehungen genutzt werden. Die Konferenz stellt damit einen Bestandteil der jeweiligen unternehmensindividuellen Matrixorganisation dar und wird insoweit zum integralen Bestandteil der (strategischen) Unternehmensführung insgesamt.

In der konkret ausgestalteten Matrixorganisation einer Unternehmung sollen die Unternehmensbereiche mindestens die Hauptfunktionen Vertrieb und Entwicklung beinhalten.[1)] Im Falle einer Konferenz für Vertriebskoordination würden daher die zu behandelnden Geschäftsvorgänge grundsätzlich von den Unternehmensbereichen eingebracht.[2)] Es ist aber auch möglich, daß ein Vorgang, den ein Unternehmensbereich direkt zur Beschlußfassung in die Vorstandssitzung einbringt, von der Gesamtheit des Vorstands zunächst an die Konferenz verwiesen wird. Hat eine Beschlußfassung der Konferenz direkt Auswirkungen auf die regionalen Organisationen, so würde sie bei getrennten Vertriebsorganisationen unternehmensbereichsbezogen umgesetzt.

Sofern mit der Einführung einer Konferenz für Vertriebskoordination gleichzeitig auch auf das Prinzip der Landesgesellschaf-

---

1) Vgl. S. 37.

2) Ebenfalls bei einer Konferenz für Entwicklungskoordination.

ten übergegangen würde, können Beschlußfassungen durch die direkte Beteiligung auch einer Region an der Konferenz unmittelbar - bei hoher Partizipation der regionalen Kompetenz - umgesetzt werden. Andererseits hat die jeweilige Region zukünftig eine eindeutige Ansprechadresse, um ihrerseits - bottom up - Geschäftsvorgänge unmittelbar zur Behandlung zu bringen, für die bereichsübergreifendes Interesse unter synergistischen Überlegungen angenommen wird.

Die nachfolgenden Abbildungen 6 und 7 zeigen jeweils modelltheoretisch die Entscheidungsmechanik.

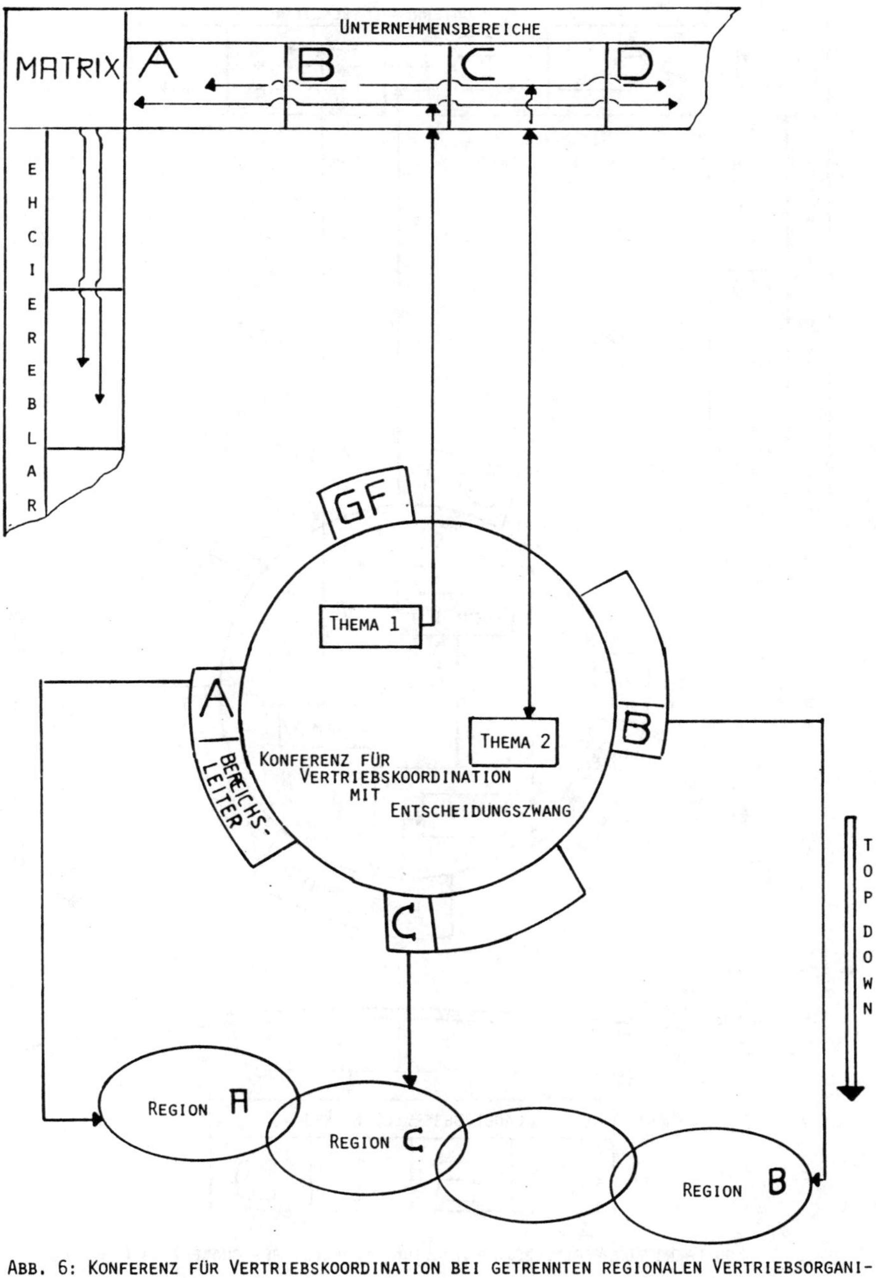

ABB. 6: KONFERENZ FÜR VERTRIEBSKOORDINATION BEI GETRENNTEN REGIONALEN VERTRIEBSORGANISATIONEN

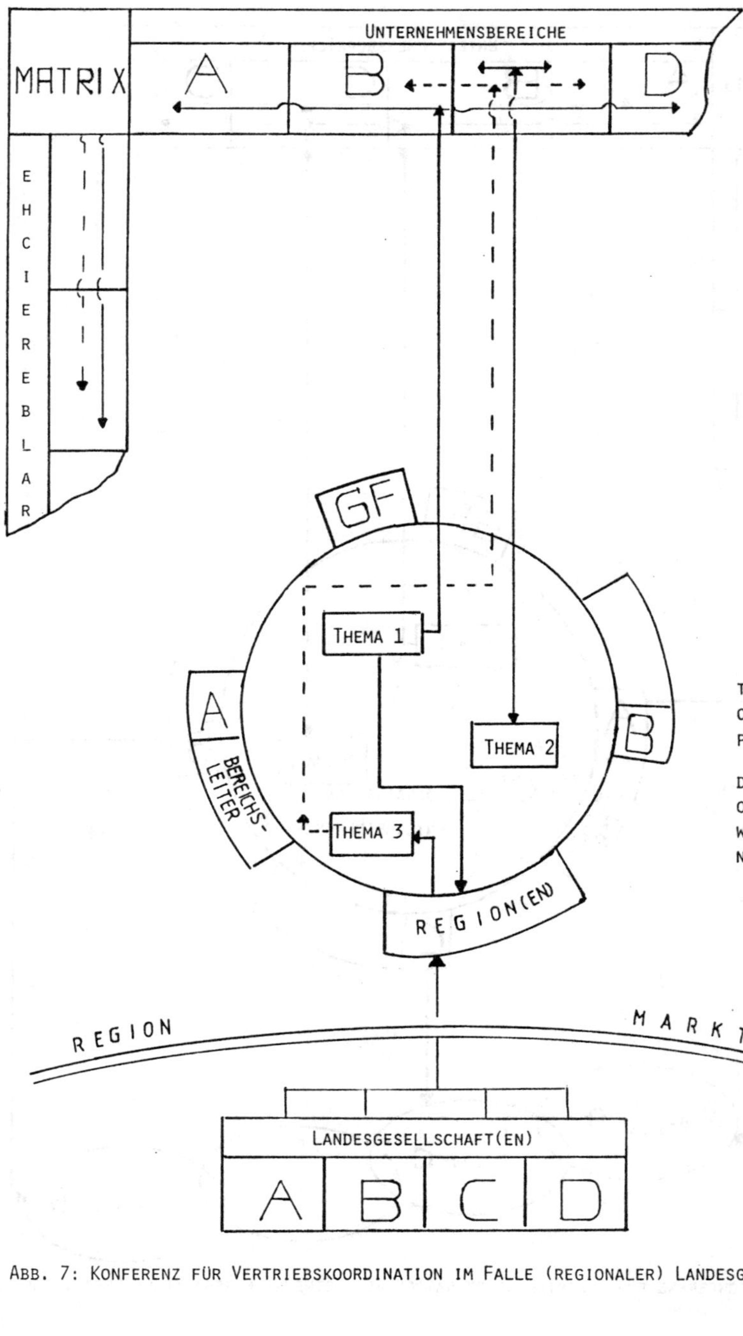

ABB. 7: KONFERENZ FÜR VERTRIEBSKOORDINATION IM FALLE (REGIONALER) LANDESGESELLSCHAFTEN

4. Integration der Arbeitsergebnisse

Die Ergebnisse einer Konferenz für Vertriebskoordination haben direkten Einfluß auf die Absicherung oder die weitere Verbesserung sowohl der Entwicklung der einzelnen Unternehmensbereiche als auch der Unternehmensgesamtentwicklung. Ein Management der Synergienutzung hat dabei einen ausgewogenen Kompromiß zwischen Kosten- und Wettbewerbsgesichtspunkten zu finden. Unter Kostengesichtspunkten bedeutet Synergienutzung eine mögliche zusätzliche Rationalisierung der primären, unternehmensbereichsbezogenen Kombinationen produktiver Faktoren. Unter Wettbewerbsgesichtspunkten ist zu prüfen, ob durch spezifische Kombinationen divisionalisierter Fähigkeitspotentiale die jeweiligen Wettbewerbspositionen als Bestimmungsgröße der Unternehmensentwicklung zusätzlich gestärkt werden können. Daher ist es von entscheidender Bedeutung, daß in der Konferenz die Problem- bzw. Aufgabenstellung sach- und situationsgerecht definiert wird und die verbindlichen Maßnahmen schlüssig strukturiert und in Voraussetzungen zur Beeinflussung der Unternehmensentwicklung umgesetzt werden. Eine entscheidende Rolle kommt hierbei dem Geschäftsführer der Konferenz zu.

Der Zusammenhang zwischen der Synergienutzung und der Unternehmensentwicklung soll in der Abbildung 8 angedeutet sein.

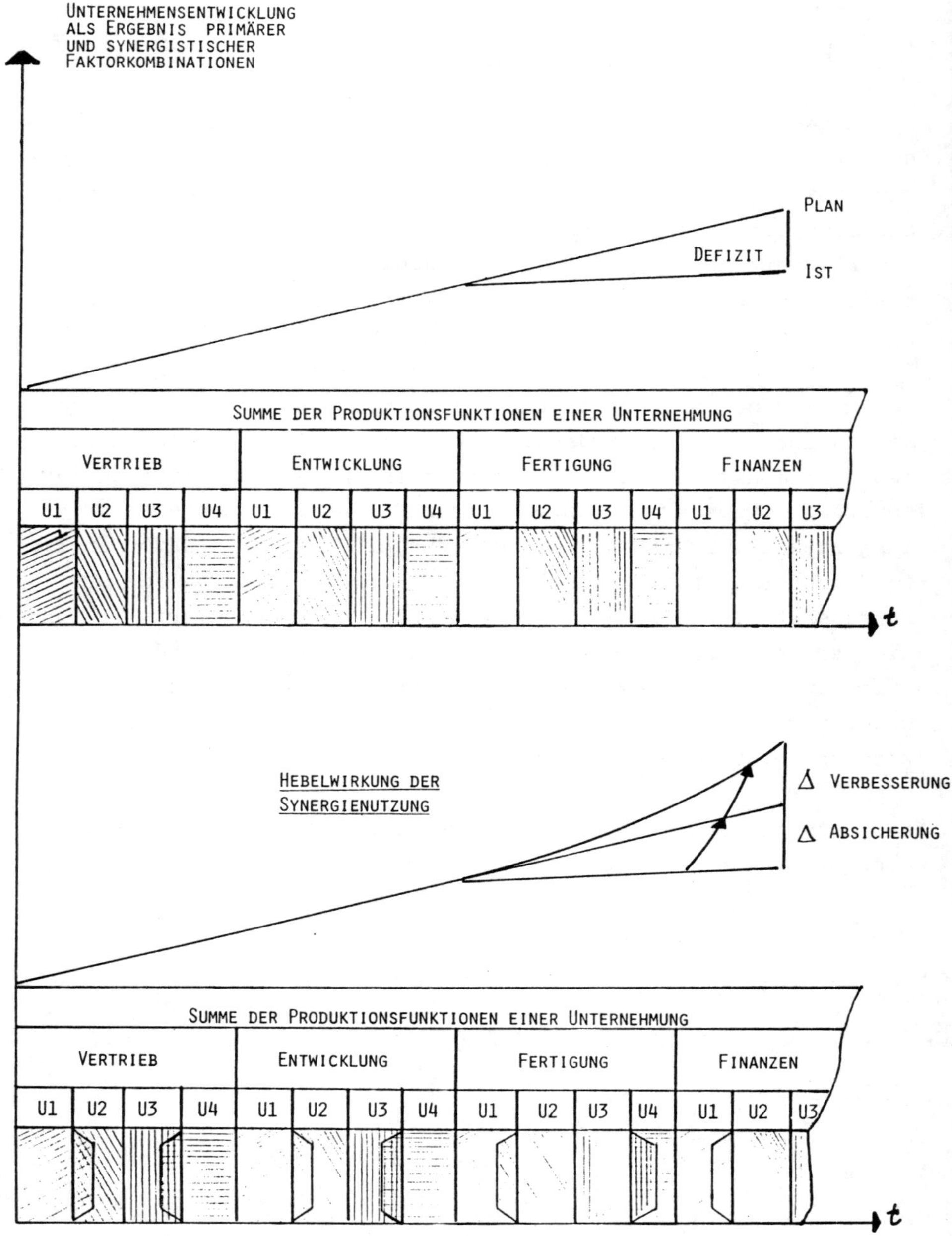

Abb. 8: Zusammenhang zwischen Synergienutzung und Unternehmensentwicklung

Die originäre Ergebnisverantwortung der an der Konferenz beteiligten Systemmitglieder wird durch das Arbeitsprinzip vom Typ C zu keinem Zeitpunkt und in keinem Aspekt eingeschränkt. Werden Arbeitsergebnisse der Konferenz in die einzelnen Unternehmensbereiche übernommen, so schließt die Ergebnisverantwortung uneingeschränkt auch die Entscheidung zur Übernahme sowie die sachgerechte Integration und die erwartete Auswirkung auf die jeweilige Unternehmensentwicklung ein. Diese Konsequenz erklärt sich aus dem Substitutionseffekt der Konferenz. Direkt zu verantwortende, unternehmensbereichsbezogene Entscheidungen würden durch synergistische Ergebnisse der Konferenz substituiert.

Darüber hinaus besteht für alle Systemmitglieder die Verantwortung, die für die Synergienutzung wechselseitig benötigten Ressourcen den Vereinbarungen entsprechend zur Verfügung zu stellen. Insoweit übernehmen alle Unternehmensbereiche wechselseitig auch eine mittelbare Verantwortung für die weiteren unternehmensbereichsbezogenen Entwicklungen. Diese Abhängigkeit dürfte zu einer - wünschenswert - höheren Sensibilität aller Systemmitglieder für Bedrohungen und Chancen führen.

5. Bewertung der Vor- und Nachteile[1)]

Die Synergienutzung ist eine direkte Verantwortung der Unternehmensleitung. Besonders intensiv wird diese Managementaufgabe in der jüngsten Zeit am Beispiel des Technologie-Portfolios einer Unternehmung diskutiert und bezüglich der instrumentalen Möglichkeiten untersucht.[2)] Weniger dagegen wird diskutiert, wie synergistische Prozesse im Rahmen einer konkreten Strukturorganisation und damit in Abhängigkeit von einem Gesamtsystem organisatorischer Regelungen ausgelöst, gesteuert und umgesetzt werden können. Die Lösung muß sicherlich unternehmensindividuell

1)Vgl. auch BLEICHER 1981, S. 59-61.

2) Vgl. PFEIFFER/SCHNEIDER/DÖGL 1983; WILDEMANN 1985; SOMMERLATTE/DESCHAMPS 1985, 67-76.

gefunden werden. Im vorliegenden Fall ist eine Lösung für eine Unternehmung in Matrixorganisation zu finden.

Mehrdimensionale Organisationsmodelle wie das Matrixmodell haben ein hohes Integrationspotential, das sich vor allem unter zunehmend komplexen und varianten Kontextbedingungen bewährt. Die Notwendigkeit eines Managements der Synergienutzung ergibt sich gerade auch als Ergebnis erschwerter Kontextbedingungen. Es liegt der Schluß nahe, daß das Matrixmodell auch für ein Management der Synergienutzung als Integrations- und Harmonisationsaufgabe besonderer Art günstige Voraussetzungen bietet.

Die im Matrixmodell erfolgende Integration nach zwei Zentralisationskriterien schließt nicht aus, daß auch sektoralzielübergreifende Aufgaben - wie bei der Synergienutzung - gelöst werden können, ohne die aktuelle strukturorganisatorische Ausprägung grundsätzlich ändern zu müssen. Die hierfür notwendige Integrationsebene kann im Sinne eines "traversierenden Zwischensystems auf Dauer"[1] in der Konferenz gesehen werden.

Wenn auch die Konferenz insoweit organisationstheoretisch begründet werden kann, so geht das Arbeitsprinzip vom Typ C mit seinem Merkmal des Entscheidungszwanges aber noch einen Schritt weiter. Die Konsequenz des Entscheidungszwangs ist das Ergebnis aus der Beobachtung der Praxis. Wenn die Bedingung erfüllt wird, daß die Teilnehmer in die Konferenz Kompetenz einzubringen haben, so ist es im Interesse kooperativer Willensbildung und eines hohen Partizipationsgrades, wenn die Kompetenz auch mit der Notwendigkeit der Entscheidung ergänzt wird. Vor allem in den Fällen, in denen Synergienutzung zukünftig von überragender Bedeutung für die weitere unternehmensbereichsbezogene wie für die Unternehmensgesamtentwicklung sein wird, ist der Entscheidungszwang für eine zügige, jederzeit sach- und situationsgerechte Behandlung der Aufgabenstellungen eine unerläß-

1) BLEICHER 1979, S. 81.

liche Bedingung. Dies setzt andererseits aber voraus, daß Entscheidungen der Konferenz nur in schwerwiegenden Ausnahmefällen in einer Vorstandssitzung aufgehoben werden können.

Weniger für die an der Konferenz beteiligten Leiter der Unternehmensbereiche als vielmehr für die beteiligten Bereichsleiter[1)] bedeutet das Arbeitsprinzip vom Typ C eine zusätzliche Arbeitsbelastung. Dem gegenüber stehen ein spürbarer Zeitgewinn und hohe Motivation durch hohe Partizipation. Gleichwohl erfordert das Arbeitsprinzip in hohem Maße Disziplin und demokratisches Verhalten.[2)]

Einen wesentlichen, wenn nicht sogar den entscheidenden Anteil an einer erfolgreichen Praxis des Arbeitsprinzips vom Typ C hat deshalb der Geschäftsführer der Konferenz. Sollte sich ein Zentralbereich Unternehmensentwicklung bereits aus anderen Gründen zwingend ergeben, so liegt es nahe, dem Leiter dieses Zentralbereiches die Geschäftsführung der Konferenz mit zu übertragen. Sollte sich das Management der Synergienutzung (zunächst) als einziger Gegenstandsbereich von überragender Bedeutung für das weitere Corporate Development ergeben, so sollte das nicht weniger Anlaß zu der Überlegung sein, mit diesem Gegenstandsbereich den Kern eines Zentralbereiches Unternehmensentwicklung zu schaffen. Gleichzeitig liessen sich verschiedene vorherige Lösungen nach dem Anhängeverfahren nun durch Zuordnung zu dem neuen Zentralbereich nachbessern.

---

1) Bereichsleiter als Leiter von Funktionsbereichen innerhalb eines Unternehmensbereiches, dessen Leiter ein Mitglied des Vorstandes oder der Geschäftsleitung ist.

2) Vgl. BLEICHER 1981, S. 141.

II. Praktischer Ansatz bei dominant werdenden Gegenstandsbereichen am Beispiel des strategischen Managements der Human Ressourcen

1. Vorbemerkungen

a. Identifizierung von Gegenstandsbereichen

Grundsätzlich kann man drei Quellen sehen, durch die Problemstellungen bzw. Gegenstandsbereiche angezeigt werden oder über die sie zu identifizieren sind:

- Warum sind Zielabweichungen eingetreten und haben zu einer Beeinträchtigung des Corporate Development geführt ?
- Warum entwickeln sich Konkurrenzunternehmungen bei scheinbar gleichen (Rahmen-) Bedingungen erfolgreicher als die eigene Unternehmung ?
- Was ergibt die laufende Beobachtung erfolgsbestimmender Geschäftsfeldfaktoren ?

Während sich aus den beiden ersten Fragestellungen eine Reaktion der Unternehmung oder der einzelnen Unternehmensbereiche herleitet, führt die dritte Fragestellung zu vorausschauender Aktion. In allen drei Fällen wäre das Portfolio der Bezugspunkt, entweder als Unternehmensbereichs- oder als Unternehmensportfolio. Im Sinne des Themas dieser Arbeit steht die dritte Frage- und Aufgabenstellung im Vordergrund. Je effizienter dieser Aspekt in einer Unternehmung behandelt wird, um so weniger oder um so abgeschwächter ergeben sich Problemstellungen, die später zur Reaktion zwingen. Es können zusätzlich zukünftige Handlungsspielräume geschaffen werden, um Sach- und Zeitzwänge zu vermeiden.[1)]

Die Beobachtung der Erfolgsfaktoren ist grundsätzlich eine divisionale Angelegenheit. Aber es gibt immer wieder den Fall,

---

1) Vgl. KREIKEBAUM 1981, S. 26

daß ein Unternehmensbereich eine Problemstellung nicht (rechtzeitig) identifiziert oder sie erkennt, aber ihre Priorität nicht einordnen kann. Wenn eine Unternehmung mit dem Konzept der Konferenz mit Entscheidungszwang arbeitet, könnte ein Unternehmensbereich eine Problemstellung dort einbringen, um ihre Priorität insgesamt zur Diskussion zu stellen. Die Konferenz mag, wie gegebenenfalls auch der einzelne Unternehmensbereich, eine zutreffende Einschätzung vornehmen, es kann jedoch (noch) der praktische Lösungsansatz fehlen.

Wenn sich ein Zentralbereich Unternehmensentwicklung auf der Basis einer Beobachtung der Erfolgsfaktoren initiativ mit dem Aspekt dominant werdender Gegenstandsbereiche befaßt, so hat dies zwei Voraussetzungen. Zwischen den Unternehmensbereichen und dem Zentralbereich muß Übereinstimmung darin bestehen, daß die divisionalen Zuständigkeiten nicht eingeschränkt werden. Es bleibt in der Verantwortung eines jeden Unternehmensbereiches, auf Signale aus den Arbeitsergebnissen des Zentralbereiches zu reagieren oder nicht. Vor allem aber hat der Zentralbereich den oft innovativen Lösungsansatz zu erarbeiten, um einen Gegenstandsbereich und seine Konsequenzen innerhalb der Unternehmung umsetzen zu können. Bezüglich dieser instrumentalen Innovation sind die einzelnen Unternehmensbereiche in der Regel überfordert. Auch lassen sich so Doppelarbeiten vermeiden.

Für die Erfolgsfaktoren können sich grundsätzlich folgende drei Situationen ergeben:

° Ein Erfolgsfaktor, dem in der eigenen Unternehmung bisher nur schwach entsprochen wurde, der aber durch eine andere Stärke der Unternehmung oder des Unternehmensbereiches kompensiert werden konnte, muß nun definitiv nachgebessert werden, weil die Kompensation vom Markt nicht mehr honoriert wird

° Ein Erfolgsfaktor wird von einem Wettbewerber inzwischen derart majorisiert, daß sich die Marktsegmentierung zu verändern droht und daher alle Wettbewerber gezwungen sind, nachzuziehen, um den status quo zu erhalten

° Ein Erfolgsfaktor von ursprünglich geringerer Priorität wird generell dominant.

Die ersten beiden möglichen Situationen sollten grundsätzlich von den Unternehmensbereichen selbst angestoßen werden. Wenn sich die Aufgabenstellung des Zentralbereiches einvernehmlich auf die letztgenannte Situation konzentriert, sollte die Gefahr möglicher (Zuständigkeits-) Kollisionen zwischen dem Zentralbereich und den Unternehmensbereichen weiter eingegrenzt werden können.

b. <u>Die universelle Anwendbarkeit des Konzeptes der Lebenszykluskurve</u>

Eine strategische Unternehmensplanung kommt nicht ohne geeignete Methoden und Instrumente aus. Die Erarbeitung und Entwicklung immer wieder neuer und verfeinerter Methoden und Instrumente ist während der letzten 10-15 Jahre sehr dynamisch verlaufen. Auf der einen Seite müssen Abhängigkeiten unter sich permanent wandelnden Kontextbedingungen in immer differenzierterer Form aufgespürt werden. Auf der anderen Seite sollen einer Unternehmung gleichzeitig weiter verfeinerte Einwirkungsmöglichkeiten eröffnet werden, ihre Wettbewerbspositionen zu verteidigen oder zu verbessern.

Der Bezugspunkt für eine Aufgabenstellung der laufenden Beobachtung der Erfolgsfaktoren wäre zunächst das Marktattraktivität-Wettbewerb-Vorteils-Portfolio einer Unternehmung oder eines Unternehmensbereiches. Damit wird aber nur die strategische Position einer Unternehmung zu einem bestimmten Zeitpunkt widergegeben.[1] Wenn sich die Aufgabenstellung darüber hinaus darauf konzentrieren soll, im Interesse ausreichender Handlungs-

---

1) Vgl. KREIKEBAUM 1981, S. 74.

spielräume rechtzeitig zu erkennen, wann einzelne Faktoren ihre Prioritäten so grundsätzlich ändern, daß sie von überragender Bedeutung für die weitere Unternehmensentwicklung werden, so ist nach einem instrumentalen Ansatz zu suchen, der eine annähernd dynamische Betrachtung der Faktoren erlaubt. Den methodischen Ansatz könnte das Markt-Produktlebenszyklus-Portfolio bieten.[1)] Das würde bedeuten, das Konzept der Lebenszykluskurve nicht nur auf das Produkt, sondern auch auf einzelne mit einem Produkt im Zusammenhang stehende Erfolgsfaktoren anzuwenden.

Sieht man beispielsweise das Produktionspotential, das Forschungs- und Entwicklungspotential sowie die Qualifikation der Führungskräfte[2)] einer Unternehmung als typische Erfolgsfaktoren, so lassen die Untersuchungen etwa zum Thema eines strategischen Technologie-Managements oder eines strategischen Managements der Human-Ressourcen[3)] die abgeleitete Anwendung des Konzeptes der Lebenszykluskurve auf ursprünglich mehr oder weniger statisch betrachtete Erfolgsfaktoren erkennen.

Wie eine Unternehmung insoweit zukünftig ihr Technologiepotential unter dem dynamischen Gesichtspunkt von Basis-, Schrittmacher- und Schlüsseltechnologien sehen kann, mag eine andere Unternehmung ihre Human Ressourcen zukünftig unter dem Gesichtspunkt von Basis-, Schrittmacher- und Schlüsselfähigkeiten sehen.

Was heute die Erfolgsfaktoren Technologie und Human Ressourcen betrifft, kann morgen Erfolgsfaktoren wie das Logistikpotential oder das Vertriebs- und Servicepotential u.a. betreffen. Wie mit der Anwendung des Lebenszykluskonzeptes beobachtet werden kann, ob und inwieweit spezifische Erfolgsfaktoren dominant werden, könnte auch zu erkennen sein, ob Erfolgsfaktoren in ihrer

---

1) Vgl. ALBACH 1978, S. 708 f.

2) Vgl. HINTERHUBER 1977, S. 77.

3) Vgl. SOMMERLATTE/DESCHAMPS 1985, S. 37-76 und LAUKAMM/WALSH 1985, S. 77-100.

Dominanz nachlassen, d.h. sich aus einer Schlüsselrolle in eine nur noch Basisrolle verändern. Daraus würden sich dann ebenfalls unmittelbare Konsequenzen für die Zuteilung von Ressourcen ergeben.

2. Definition der Human Ressourcen und Identifizierung als Gegenstandsbereich

Die Human Ressourcen sollen als die Summe der gesamten genutzten und noch nicht genutzten geistigen wie körperlichen Fähigkeiten der Mitarbeiter einer Unternehmung bezeichnet werden.[1] Im Vordergrund steht die Frage, welches menschliche Potential eine Unternehmung in der Zukunft braucht und zwar im Hinblick u.a. auf Markt, Wettbewerb, Umwelt und Geschäftsstrategien.[2] Denn mehr denn je ist zu fragen, ob allein gute Produktkonzepte, Marketing und Marktanteile die kritischen Erfolgsfaktoren für die Zukunft sind oder nicht mindestens auch die Menschen, die dies in einer Unternehmung vollbringen.[3]

Daraus ergeben sich drei Feststellungen. Zunächst geht dieses Verständnis vom Mitarbeiter einer Unternehmung über die klassischen Funktionen des Personalwesens hinaus, denn der Mitarbeiter wird in seiner strategischen Bedeutung als Ressource im Wettbewerb um internationale Märkte und zukunftsweisende Technologien gesehen.[4] Damit ist ein strategisches Management der Human Ressourcen nicht Angelegenheit des Personalwesens einer Unternehmung, sondern der Unternehmensführung unmittelbar. Wenn die strategische Planung die optimale Produkt/Markt-Kombination zum Gegenstand hat, geht es ferner darum, nun die geeignete Produkt/Markt/Mitarbeiter-Kombinationen zu finden.[5] Der Erfolg einer

---

1) Vgl. DUCH 1983; LAUKAMM/WALSH 1985, S. 79.

2) Vgl. LAUKAMM/WALSH 1985, S. 79.

3) LAUKAMM/WALSH 1982.

4) Vgl. LAUKAMM/WALSH 1985, S. 79.

5) Vgl. LAUKAMM/WALSH 1982.

Unternehmensstrategie wird insoweit davon abhängig, daß auch die kritischen Erfolgsfaktoren, die für die Human Ressourcen gelten, bekannt sind und erfüllt werden. Eine (vorherige) Analyse würde also oft genug ergeben, daß eine bestimmte Strategie letztlich gar nicht umsetzbar ist oder es erklärt sich im Nachhinein, warum Wettbewerber trotz vergleichbarer Ausgangslage erfolgreicher sind. Sie hatten möglicherweise die bessere bzw. die für die Strategieumsetzung entsprechende Führungsmannschaft und ein qualitativ höherwertigeres Mitarbeiterpotential.[1] Wie die Erfahrung zeigt, fällt die Praxis der Unternehmungen gemessen an diesen Notwendigkeiten immer noch oft genug entgegengesetzt aus. So mag die Gemeinkostenwertanalyse eine geeignete Methode sein, die Kostenstruktur kurzfristig zu entlasten. Bei den damit verbundenen pauschalen Personalkürzungen gehen in der Regel jedoch unbemerkt Mitarbeiterpotentiale verloren, die zur zukünftigen Stärkung der Wettbewerbsposition unerläßlich sind. Das bedeutet, daß die Gemeinkostenwertanalyse zukünftig nur dann und dort Anwendung finden darf, wenn und wo sowohl der Ist-Zustand als auch die Bedarfsstruktur bezüglich der Human Ressourcen bekannt sind.

Entsprechend der Lebenszykluskurve einer Industrie oder eines Marktes verändern sich auch die Anforderungen an die einzelnen Erfolgsfaktoren. In den Zeiten ständiger quantitativer Unternehmensentwicklung war es zunächst entscheidend, beispielsweise über quantitativ ausreichendes Personal zu verfügen. Die Personalbeschaffung war die typische Hauptaufgabe des Personalwesens. Erfahrene Wachstumsmanager und Investoren waren gefragt oder Vertriebsleute für Volumengeschäfte und Entwicklungsfachleute auf dem Hintergrund weitgehend beherrschter Basistechnologien. In den Zyklusphasen Reife und Alter sind dagegen kritische Administratoren oder erfahrene Sanierer gefragt.[2] Im Vertrieb werden technisch orientierte Verkäufer von Problemlösungen er-

---

1) Vgl. LAUKAMM/WALSH 1985, S. 79.

2) Vgl. LAUKAMM/WALSH 1982.

forderlich. In Forschung und Entwicklung werden Mitarbeiter gesucht, die in Schrittmachertechnologien von morgen denken.[1)]

Je nachdem, wie sich die Struktur eines Unternehmensportfolios darstellt, erkennt eine Unternehmung jetzt, daß das Portfolio und das verfügbare Führungs- und Mitarbeiterpotential nicht in Übereinstimmung zueinander stehen. Ein Erfolgsfaktor von ursprünglich geringerer Priorität mag zu einem dominanten Gegenstandsbereich für das weitere Corporate Development geworden sein.

Die Veränderung in der Bedeutung der Human Ressourcen war grundsätzlich vorauszusehen. Damit war letztlich auch die jetzige Situation auf dem deutschen Arbeitsmarkt tendenziell vorauszusehen, sowohl was den Überschuß an ungelernten Arbeitskräften als auch den gleichzeitigen Mangel an Fachkräften betrifft. Aber auch der Überschuß an Volumen-Managern und der Mangel an erfahrenen Generalisten einerseits wie (neuen) pionierhaften Unternehmern andererseits waren zu erwarten. Im System der strategischen Unternehmensplanung war der dynamisierende Aspekt möglicherweise noch zu kurz gekommen, was Anlaß sein könnte, auch insoweit über die bisherige Planungspraxis nachzudenken.[2)] Was heute die Human Ressourcen oder das Technologiepotential einer Unternehmung betrifft, kann morgen für andere Erfolgsfaktoren gelten. Es geht um die dynamische Beobachtung von Ausgangsstrukturen strategischer Positionen. Nur so lassen sich auf der Basis rechtzeitiger und ausreichender Handlungsspielräume strategische Planung und Unternehmensentwicklung konsistent halten.

---

1) Vgl. SOMMERLATTE/DESCHAMPS 1985, S. 50-51.

2) Vgl. KREIKEBAUM 1981, S. 116-163.

3. Zusammenhang zwischen den Human Ressourcen und der Wettbewerbsposition der Unternehmung

a. Grundsätzliches

Die inzwischen intensive allgemeine Behandlung des Themas Human Ressourcen sollte nicht zu der Schlußfolgerung verleiten, daß nun bereits in jeder Unternehmung spezifische Strategien für die Human Ressourcen entwickelt werden müßten. Die Bedeutung der Human Ressourcen innerhalb einer Branche - oder auch eines Marktes - hängt davon ab, ob und inwieweit ein Zusammenhang zwischen der Erfüllung der einzelnen kritischen Erfolgsfaktoren und dem jeweiligen Mitarbeiterpotential besteht.[1)] Aber es gibt einige Indikatoren dafür, daß die Human Ressourcen in jedem Fall heute einen anderen Stellenwert in jeder einzelnen Unternehmung haben als noch vor 15 oder auch vor 5 Jahren. Das Argument, daß sie der teuerste Produktionsfaktor seien,[2)] ist nicht mehr überraschend genug. Auch das Argument, daß die Human Ressourcen der Produktionsfaktor seien, auf den sich letztlich die Produktivität aller anderen Faktoren zurückführen läßt,[3)] ist schon zu lange im Sinne von Erich Gutenberg nachgewiesen, als daß es noch zur Begründung dieses Themas herangezogen werden sollte. Allerdings bekommt dieses Argument dann eine neue Dimension, wenn man es im Zusammenhang mit dem Gedanken sieht, daß die Human Ressourcen der einzige Produktionsfaktor sind, der aus sich heraus wachsen kann, alle anderen dagegen laufend abgeschrieben werden müssen.[4)] Damit wäre ein direkter Zusammenhang zwischen der Unternehmensgesamtentwicklung und dem Potential sowie der Entwicklungsfähigkeit der Human Ressourcen zu sehen.

Zwei andere Indikatoren unterstreichen jedoch noch mehr den grundsätzlich veränderten Stellenwert. Mehr denn je werden durch

1) Vgl. LAUKAMM/WALSH 1985, S. 85.

2) Vgl. DUCH 1983.

3) Ebenda.

4) Ebenda.

die gesellschaftlichen sowie die allgemeinen wirtschaftlichen Entwicklungen der letzten 5-10 Jahre die Unternehmungen zu Trägern unterschiedlicher Interessen.[1] Das betrifft das Verhältnis zu den Kapitaleignern wie zu den Kunden und zu den Mitarbeitern. Auch die Interessen der Mitarbeiter können zu neuen Inhalten strategischer Planung Anlaß geben.[2] Vor allem aber die strategische Ausrichtung vieler Unternehmungen auf sogenannte intelligentere Produkte muß diese Unternehmungen ohnehin zu der Frage führen, ob die Mitarbeiter in Entwicklung, Fertigung und Vertrieb die Voraussetzungen bieten oder zumindest über das Entwicklungspotential verfügen, intelligenter als bisher sein zu können. Wenn sich Unternehmungen mit solchen strategischen Ansprüchen kurz vorher noch im Interesse einer Kostenreduzierung der sogenannten Gemeinkostenwertanalyse ohne Beachtung der Strukturen und Potentiale ihrer Human Ressourcen unterzogen haben, kann sich bereits sehr schnell ein erhebliches unerwartetes Defizit an Corporate Development ergeben.

Die Anwendung der nachfolgenden beispielhaften Checkliste könnte in jeder Unternehmung erste Hinweise geben, ob Strategien für die Human Ressourcen nach wie vor von untergeordneter Bedeutung sind oder zusätzlich zu den Unternehmensbereichsstrategien entwickelt werden sollten oder sogar erforderlich sind, wenn die Umsetzung der Produkt/Marktstrategien nicht gefährdet werden soll.

Ähnlich kann zu allen Erfolgsfaktoren einer Unternehmung vorgegangen werden, um erste Hinweise zu erhalten, ob sich zukünftig ihre bisherige Bedeutung verändert.

---

1) Vgl. KREIKEBAUM 1981, S. 139-142.

2) Ebenda.

	Kriterien	Bewertung		
1	Wie hoch ist der Personalkostenanteil in der Branche ?	hoch 4	mittel 3	niedrig 1
2	Von welcher Bedeutung ist Technologie bei Produkten/Produktion ?	nied-rig 2	mittel 3	hoch 4
3	Gehört spezielles Know-how zu den Erfolgskriterien in der Branche ?	kaum 1	zum Teil 3	unbedingt 5
4	Unterliegt die Branche einem Strukturwandel ?	stark 3	mittel 2	nein 1
5	Wird sich das Anforderungsprofil für leitende Mitarbeiter künftig wandeln ?	stark 5	zum Teil 4	geringfügig 2
6	Ist es schwierig, qualifizierte Mitarbeiter zu bekommen ?	ja 3	zum Teil 2	nein 1
7	Plant das Unternehmen eine Reduzierung des Personals ?	ja 4	eventuell 3	nein 1
8	Wie steht es mit der Motivation der Mitarbeiter ?	hoch 1	mittel 2	niedrig 4
9	Verfügt das Unternehmen über genügend qualifizierte Führungskräfte ?	ja 2	zum Teil 3	nein 5
10	Bestehen klar definierte Strategien für die Human-Ressourcen ?	ja 1	zum Teil 2	nein 3

Punkte	Notwendigkeit von Human-Ressourcen-Strategien in der Unternehmung
11-20	Strategien für die Human-Ressourcen sind von untergeordneter Bedeutung. Andere Strategien (Produkte, Märkte, Technologien usw.) sind zur Zeit vorrangig.
21-30	Zusätzlich zu den Geschäftsstrategien sollten unbedingt Strategien für die Human-Ressourcen entwickelt werden, um wettbewerbsfähig zu bleiben/ zu werden.
31-40	Human-Ressourcen-Strategien sind dringend notwendig, da sonst die Wettbewerbsfähigkeit bzw. die erfolgreiche Durchführung von Geschäftsstrategien ernsthaft gefährdet sind.

Tabelle 2: Checkliste zur Bestimmung von Strategienprioritäten.
(Quelle: Arthur D. Little anlässlich Seminar
zu: Der strategische Einsatz von Human Ressourcen, Frankfurt, 14.10.1982)

b. Unternehmensstrategien als Ausgangspunkt für Human-Ressourcen-Strategien

Die Human-Ressourcen-Strategien folgen den Unternehmensstrategien. Sie sind aus den jeweiligen Markt- bzw. Wettbewerbsstrategien abzuleiten. Beide Strategiegruppen sind aufeinander abzustimmen. Die Abbildung 9 soll diesen Zusammenhang aufzeigen. Sie macht gleichzeitig deutlich, daß auch die Human-Ressourcen-Strategien zunächst auf der Ebene der Unternehmensbereiche zu entwickeln, zu bewerten und auszuwählen sind. Die Human Ressourcen sind entsprechend den Wettbewerbspositionen der einzelnen Unternehmensbereiche zu bestimmen. Die quantitativen und qualitativen Gesamtanforderungen ergeben sich dann entsprechend dem Unternehmensgesamtportfolio.

Wie alle von den Unternehmensbereichen ausgewählten Einzelstrategien mit den Strategien der Gesamtunternehmung abzustimmen sind, so gilt dies auch für die Human-Ressourcen-Strategien. Die Kompatibilität der Strategien ist festzustellen, was die Abbildung 10 darstellen soll.

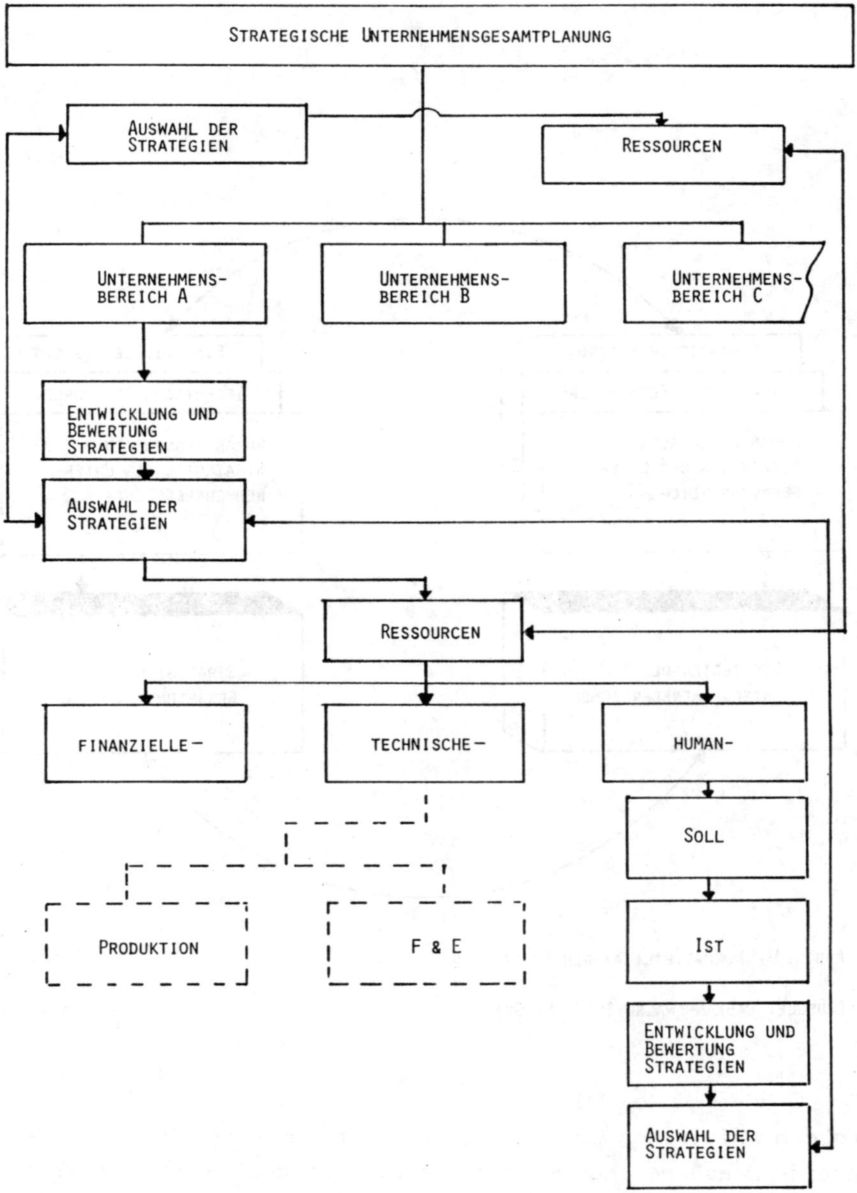

Abb. 9: Zusammenhang zwischen Unternehmensstrategien und Human Ressourcen-Strategien

(Quelle: Für diese Arbeit erweiterter Ansatz aus: Laukamm/Walsh 1985, S. 82)

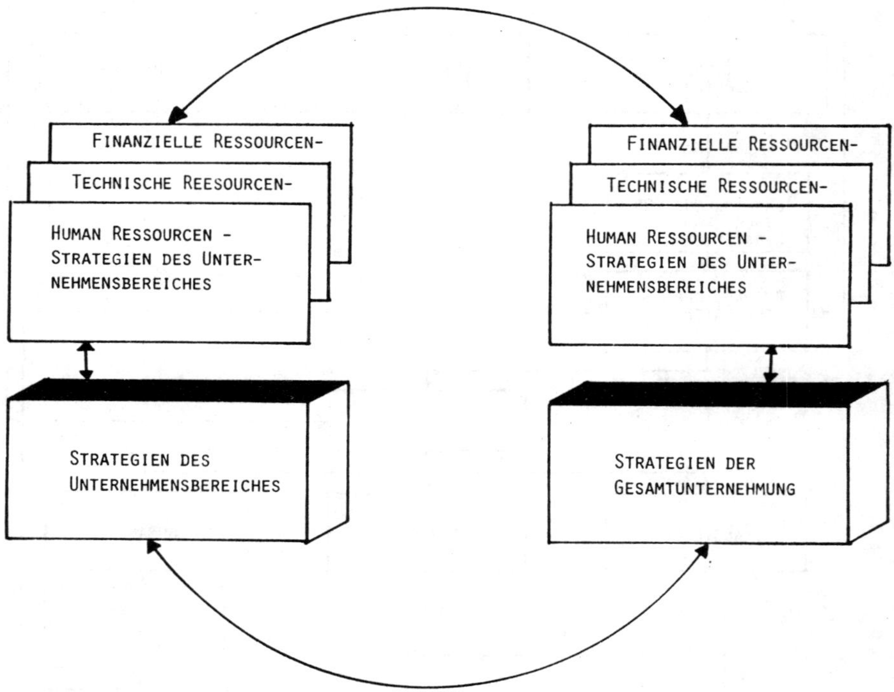

ABB. 10: KOMPATIBILITÄT DER STRATEGIEN

(QUELLE: LAUKAMM/WALSH 1985, S. 94)

Aus den kritischen Erfolgsfaktoren der einzelnen Märkte eines Unternehmensbereiches werden die zukünftigen Anforderungen an die Mitarbeiter ermittelt. Daraus ergibt sich ein Soll-Zustand, der dem Ist-Zustand gegenüberzustellen ist. Für die Abschätzung der sich dabei ergebenden Lücke bestehen aber zwei Risiken. Der

Soll-Zustand kann zu hoch angesetzt sein, was jedoch für alle im Rahmen der strategischen Planung zu ermittelnden Sollzustände gilt. Wichtiger ist daher die richtige Ist-Analyse und zwar vor allem bezüglich der noch nicht genutzten Mitarbeiterpotentiale, sowohl der Art als auch der Größe nach. Da die Umsetzung der Human-Ressourcen-Strategien oft nur in größeren Zeiträumen möglich ist, könnte ein Unternehmensbereich im Rahmen der Kompatibilitätsprüfung gezwungen sein, Markt- und Wettbewerbsstrategien ändern zu müssen. Die Ist-Analyse ist daher sorgfältig durchzuführen, um möglicherweise schwerwiegende Trugschlüsse zu vermeiden . Aus der die Gesamtunternehmung umfassenden Ist-Analyse ergeben sich aber gleichzeitig auch Ansatzpunkte, gegebenenfalls Mitarbeiter zwischen den Unternehmensbereichen durchzutauschen und somit mögliche Korrekturen an den Strategien der Unternehmensbereiche zu vermeiden oder zu minimieren.

c. Kritische Erfolgsfaktoren für die Human Ressourcen

Um die kritischen Erfolgsfaktoren zu identifizieren, ist es zunächst wichtig, sich einen Überblick über die Anforderungsmerkmale insgesamt zu verschaffen. Oft genug kommt es - insbesondere bei relativ schnell aufkommenden, dominanten Gegenstandsbereichen - zu unbewußten Verkürzungen der Analyse und damit zu einem möglicherweise nur unvollständigen Bewußtsein über die Eigenarten einer Branche und die eigenen Potentiale. Ein eventuell anschließend institutionalisiertes (strategisches) Controlling würde dann gegebenenfalls Sonderentwicklungen nicht erfassen können.

Im Zusammenhang beispielsweise mit den Märkten und Branchen, in denen sich die dieser Arbeit zugrundeliegende idealtypische Unternehmung bewegt, könnte man bezüglich der Human Ressourcen u.a. Erfolgsfaktoren anführen, wie sie die Tabelle 3 zeigt.

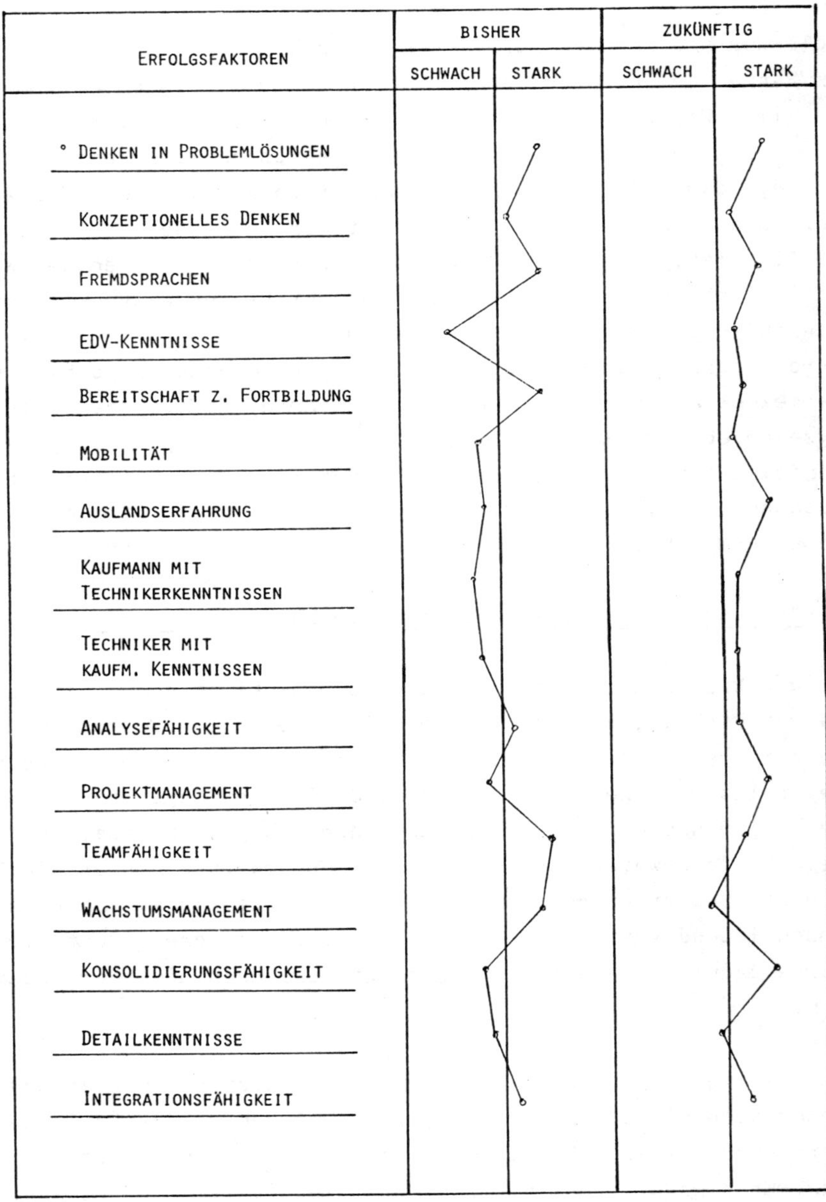

TABELLE 3: BISHERIGE UND ZUKÜNFTIGE ERFOLGSFAKTOREN FÜR DIE HUMAN RESSOURCEN

(QUELLE: FÜR DIESE ARBEIT ERWEITERTER ANSATZ VON ARTHUR D. LITTLE, SEMINAR FRANKFURT, 14.10.1982)

Ihre bisherige und zukünftige Bedeutung sollen die in der Tabelle dargestellten Ausprägungen aufzeigen.

Eine Bewertung und Positionierung der eigenen Unternehmung gegenüber den Hauptwettbewerbern ist in Bezug auf die Human Ressourcen sicherlich eine schwierige Aufgabe. Die Informationsbasis ist deutlich schmaler als beispielsweise bei dem Versuch einer Positionierung technologischer Fähigkeiten. In Bezug auf die kritischen Erfolgsfaktoren mag sich der in der Tabelle 4 dargestellte Überblick ergeben. Entscheidend ist, daß zunächst die eigenen Stärken und Schwächen erkannt werden und insoweit eigene Strategien entwickelt werden können. Bezüglich der Wettbewerber sollte zum Anfang zumindest eine Vorstellung darüber bestehen, ob nur bei einem oder möglicherweise allen Hauptwettbewerbern eine ähnliche Ausgangssituation zu erwarten ist oder grundsätzlich größere Stärken bestehen, die dann schon kurzfristig auf die Wettbewerbssituation erhebliche Auswirkungen haben könnten.

Die Abbildung 11 mag das Ergebnis der Bewertung der eigenen Unternehmung bezüglich der strategischen Ausgangslage sowie die mögliche Veränderung der Wettbewerbsposition aufzeigen. Die Branche mag sich auch für die Zukunft noch weitgehend in der Reifephase befinden.

Kritische Erfolgsfaktoren	Bewertung			
		Wettbewerb		
bisher	Unternehmung	A	B	C
Denken in Problemlösungen	3	3	3	3
Fremdsprachen	4	5	4	4
Wachstumsmanagement	5	5	5	3
Bereitschaft zur Fortbildung	1	2	2	1
Teamfähigkeit	2	3	2	2
	3,0	3,6	3,2	2,6
zukünftig				
Denken in Problemlösungen	3	4	3	3
Fremdsprachen	4	5	5	4
Konsolidierungsfähigkeit	2	3	2	3
Projektmanagement	1	4	4	3
Auslandserfahrung	2	4	3	2
Bewertung: 5 = stark 1 = schwach	2,4	4,0	3,4	2,8

Tabelle 4: Kritische Erfolgsfaktoren und Wettbewerbssituation einer Branche in Bezug auf die Human Ressourcen

(Quelle: Laukamm/Walsh 1985, S. 87)

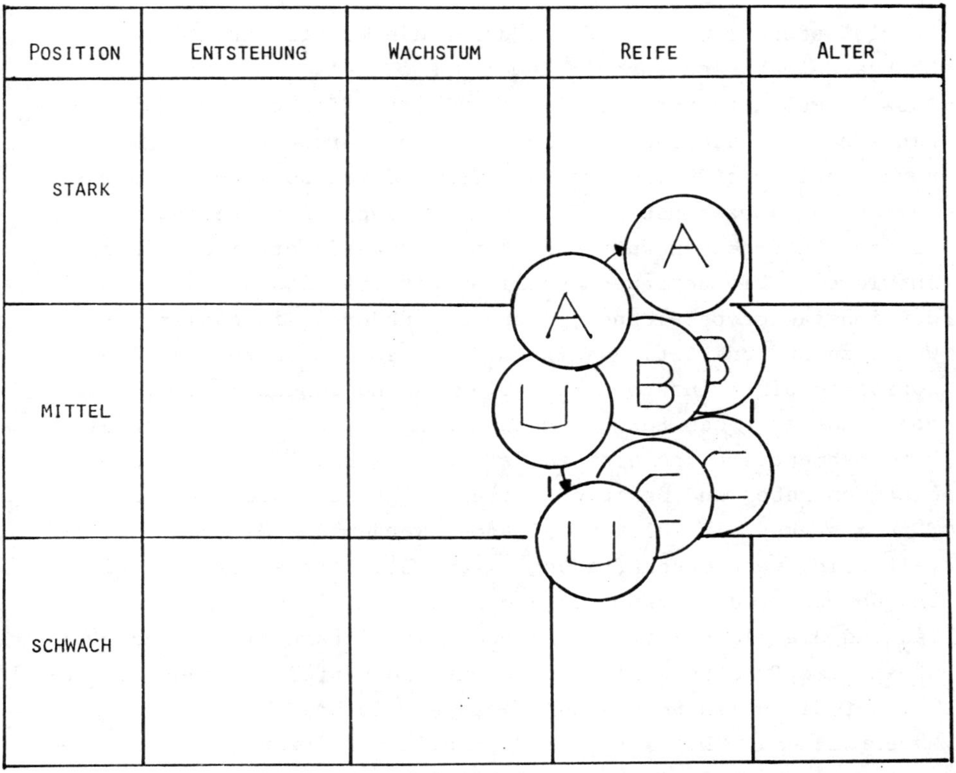

ABB. 11: ENTWICKLUNG DER WETTBEWERBSPOSITION BEI GEGEBENEN HUMAN RESSOURCEN

In Bezug auf die Human Ressourcen wäre nach dieser Darstellung eine weiterhin gesicherte Unternehmensgesamtentwicklung für die konkrete Unternehmung U nicht (mehr) zu erwarten.

d. Die Ableitung von Human-Ressourcen-Strategien entsprechend dem Unternehmensgesamtportfolio

Es gibt sicherlich eine Reihe durch die Praxis bestätigter Standardstrategien für die Human Ressourcen.[1] Die richtige Auswahl muß unternehmensindividuell getroffen werden. Zum einen können Strategien für die Human Ressourcen erhebliche Finanzmittel erforderlich machen. Zum anderen sollten die Strategien den Vorzug haben, die zugleich auch in Übereinstimmung mit der Unternehmenskultur stehen oder geeignet sind, sie zu entwickeln. Die Unternehmenskultur wird bereits als ein Produktionsfaktor bezeichnet,[2] den es zukünftig in geeigneter Weise zu nutzen gilt. In diesem Sinne sollte beispielsweise die Strategie einer internen Rekrutierung und Schulung den Vorzug vor einer externen Rekrutierung haben, vorausgesetzt, daß alle Unternehmensbereiche eine zutreffende, sorgfältige Analyse vorgenommen haben und beispielsweise Durchtauschpotentiale zur Verfügung stehen. Zu solchen Maßnahmen werden die Mitarbeiter bereit sein, wenn Geschäftsführung und Betriebsrat rechtzeitig und überzeugt darlegen, daß andernfalls divisional Personalabbau und die gleichzeitige externe Rekrutierung die Konsequenz wären. Langfristig sollte die Strategie verfolgt werden, in Bezug auf die Human Ressourcen eine gewisse Branchenführerschaft zu erreichen.[3] Das wäre die Multiplikatorwirkung einer zumindest am Beginn eines strategischen Managements der Human Ressourcen getätigten Investition in die Potentialentwicklung der Mitarbeiter.

Wie jede Strategie der Unternehmung bzw. der Unternehmensbereiche nach bestimmten Kriterien bewertet werden muß, so gilt das auch für die Human-Ressourcen-Strategien, die gegebenenfalls konkret in Betracht kommen.[4] Im Vordergrund sollten die Kri-

---

1) Vgl. LAUKAMM/WALSH 1985, S. 92.

2) Vgl. HEINEN 1985.

3) Vgl. LAUKAMM/WALSH 1985, S. 92.

4) Vgl. LAUKAMM/WALSH 1985, S. 93.

terien Kosten, Risiken und negative Nebenwirkungen stehen. Das Kriterium Durchführbarkeit gilt im Grunde für jede strategische Richtung und Maßnahme. Am Widerstand der Mitarbeiter schließlich kann eine Strategie scheitern, die sich von den Kosten und den Risiken her außerordentlich günstig darstellt. Widerstände sind daher nur durch eine rechtzeitige und umfassende interne Öffentlichkeitsarbeit zu überwinden. Strategisches Management der Human Ressourcen zwingt deshalb dazu, eine möglicherweise bisher restriktive interne Öffentlichkeitsarbeit aufzugeben und im Interesse der Unternehmenskultur wie auch der Unternehmensidentität[1] mehr Öffentlichkeit einzuführen.

Wie bei der Bewertung der Strategien Kriterien anzuwenden sind, so sind auch die einzelnen Maßnahmen einer Bewertung zu unterziehen. Es können dabei die gleichen Kriterien zur Anwendung kommen. Die Maßnahmen, für die sich dann eine insgesamt positive Bewertung ergibt, sind anschließend nach Prioritäten zu ordnen. Die Priorität wird - in der Regel - von den limitierten finanziellen Ressourcen bestimmt oder von der benötigten Zeit, in der Human-Ressourcen-Strategien realisiert werden müssen, um die Unternehmenstrategien insgesamt nicht zu gefährden.

Wenn Personalentscheidungen als langfristig wirksame Investitionsentscheidungen bezeichnet werden können, ohne daß jedoch vergleichbare Entscheidungsregeln zur Anwendung kommen,[2] so wird deutlich, daß sowohl bei der Bewertung und Auswahl der Strategien als auch der Maßnahmen das Kriterium Kosten von besonderer Bedeutung ist.

Die Tabelle 5 zeigt eine solche beispielhafte Kosten-/Nutzen-Betrachtung. Die Kosten und der Nutzen sind zu analysieren. Die Priorität ergibt sich aus der Multiplikation des Nutzens mit den Kosten. Die Prioritäten können zwischen 1 (hoch) und 25 (nied-

---

1) Vgl. WIESELHUBER 1985, S. 126-134.

2) Ebenda, S. 89.

rig) liegen. Im Zusammenhang mit den in den Tabellen 3 und 4 dargestellten zukünftigen Schwerpunkten und konkreten Schwächen einer Unternehmung könnten sich auf der Basis einer Strategie der internen Rekrutierung und Ausbildung die folgenden Maßnahmen und Prioritäten ergeben:

Maßnahmen	Nutzen	Kosten	Priorität
1. Wettbewerbsfähiger Führungsstil	2	1	2
2. Hoher Partizipationsgrad	1	1	1
3. Gezielte Weiterbildung	2	4	8
4. Verbessertes Informations- und Kontrollsystem	2	3	6
5. Wettbewerbsfähige Gehaltsstruktur	3	5	15
6. Verbesserung (struktur-) organisatorischer Regelungen	1	2	2
7. Job-Rotation	2	3	6

Nutzen: 1 = hoch, 5 = niedrig
Kosten: 1 = niedrig, 5 = hoch
Priorität: 1 = hoch, 25 = niedrig

Tabelle 5: Kosten/Nutzenbetrachtung für Maßnahmen im Rahmen von Human-Ressourcen-Strategien

(Quelle: Laukamm/Walsh 1985, S. 111)

Die Auswertung der Kosten-/Nutzenbetrachtung ergibt, daß zur Absicherung der zukünftigen Wettbewerbsposition(en) und damit des Corporate Development von Seiten der Human Ressourcen ein überragender Beitrag geleistet werden könnte, wenn beispielsweise zukünftig ein höherer Partizipationsgrad erreicht werden kann. Dies kann oft auch mit einem wettbewerbsfähigen Führungsstil einhergehen. Beides kann zusätzlich durch Verbesserungen im System organisatorischer Regelungen unterstützt werden. Alle drei Aspekte könnten beispielsweise durch eine Anwendung des Arbeitsprinzips vom Typ C berücksichtigt werden.

4. Zuordnung und Durchführung von Maßnahmen

Die bisherigen Ausführungen zum Gegenstandsbereich Human Ressourcen haben deutlich gemacht, daß zunächst die Zuständigkeit eines Vorstandsgeschäftsbereiches Personal- und Sozialwesen kaum berührt war. Das betraf sowohl den "Was-Wann-Aspekt" als auch den "Wie-Wer-Aspekt". Auch für die Durchführung der prioritären Maßnahmen ist die Zuständigkeit des Personal- und Sozialwesens nur zum Teil gegeben.

Im einzelnen ergibt sich gemäß Tabelle 5, daß

1. führungstechnisch und strukturorganisatorisch die Voraussetzungen geschaffen werden müssen, den Partizipationsgrad zu erhöhen, ohne das Konzept der Matrixorganisation aufzuheben

2. über die Gesamtunternehmung gesehen, top-down ein Führungsstil praktiziert wird, der in der betroffenen Industrie anerkanntermaßen der Art des Geschäftes entspricht und dessen Beachtung deshalb die Wettbewerbsfähigkeit der Unternehmensbereiche wie der Gesamtunternehmung stützt

3. das Gesamtsystem ablauf- und aufbauorganisatorischer Regelungen innerhalb der gültigen Matrixorganisation im Sinne günstiger(er) Regelungseffizienzen verbessert wird

4. begleitend ein verbessertes Informations- und Kontrollsystem eingeführt wird

5. die Möglichkeiten einer verstärkten Job-Rotation verbessert werden und zwar sowohl im Hinblick auf eine zusätzliche Motivierung der Mitarbeiter als auch eines wünschenswerten synergistischen Austausches der Humanpotentiale innerhalb der Unternehmung

6. ein Programm gezielter Fort- und Weiterbildung der Mitarbeiter entwickelt und realisiert wird

7. die Voraussetzungen einer am Wettbewerb orientierten Gehaltsstruktur geschaffen werden, die auch den Weg zur Realisierung der langfristigen Human-Ressourcen-Strategie einer Branchenführerschaft eröffnet.

Das Personal- und Sozialwesen herkömmlichen Inhalts wird äußerstenfalls bei den Maßnahmen 5-7 einbezogen. Alle anderen Maßnahmen sind entweder Angelegenheit der Gesamtunternehmensleitung oder gezielt einzelner Unternehmensbereiche.

5. Integration der Arbeitsergebnisse

Die Aufgabenstellung des Zentralbereiches Unternehmensentwicklung hätte sich mit der Erarbeitung der identifizierten Maßnahmen für die Unternehmensbereiche oder die Gesamtunternehmensleitung zunächst erledigt. Sie würde nicht nur vom operativen Tagesgeschäft losgelöst erledigt worden sein,[1] sondern auch vom strategischen Tagesgeschäft der Unternehmensbereiche.

Die Unternehmensbereiche haben nunmehr zu entscheiden, ob und wie sie das Ergebnis der Aufgabenstellung in die weitere Ent-

---

1) Vgl. LAUKAMM/WALSH 1985, S. 99.

wicklung ihrer Bereiche integrieren. Die Integration berührt vor allem vier Aspekte:

1. Die Priorität der spezifischen Human Ressourcen-Strategien sowie der einzelnen Maßnahmen muß mit den anderen unternehmensbereichsspezifischen Prioritäten und (ressourcenfordernden) Maßnahmen übereinstimmen.

2. Soweit die einzelnen Unternehmensbereiche auf gegenseitige Leistungen angewiesen sind - beispielsweise Poolung und/oder Synergienutzung von Human Ressourcen durch internen Personalaustausch - sind die entsprechenden Vorkehrungen der Art und der Zeit nach zu treffen.

3. Jeder Unternehmensbereich muß bereichsindividuell die Voraussetzungen schaffen, die positive Auswirkung auf die weitere Entwicklung des Unternehmensbereiches kontrollieren bzw. ausweisen zu können.

4. Die Unternehmensbereiche bzw. die Gesamtunternehmung haben zu entscheiden, ob und gegebenenfalls in welchem Umfang die weitere Beobachtung oder Behandlung dieses Gegenstandsbereiches im Aufgabenbereich des Zentralbereiches Unternehmensentwicklung bleiben soll oder von den Unternehmensbereichen fortgeführt wird, nachdem der methodische Ansatz erarbeitet ist.

Ein Controlling der Human Ressourcen-Strategien sowie der spezifischen Maßnahmen ist wesentlich davon abhängig, ob quantitative oder qualitative Maßnahmen überwiegen. Die Praxis eines wettbewerbsfähigen Führungsstils wird sich erst über einen längeren Zeitraum auswirken als etwa ein höherer Partizipationsgrad. In kürzeren Zeiträumen als in den beiden vorgenannten Fällen wird sich ein interner Austausch von Mitarbeitern auswirken. Für einen Unternehmensbereich, der sich vorwiegend in reifen Märkten und Branchen bewegt und zusätzliche Mitarbeiter mit Konsolidierungsfähigkeiten benötigt, wird sich ein solcher Personalaustausch wieder anders auswirken als für einen Unternehmensbereich, der vor allem zusätzliche Mitarbeiter mit Fähigkeiten des Wachstumsmanagements benötigt, um die Potentiale seiner Märkte auszuschöpfen bzw. seine erreichte Wettbewerbsposition zu halten.

Entscheidend ist, daß die Human Ressourcen als ein gegebenenfalls dominant werdender Gegenstandsbereich identifiziert werden und ihre strategische Bedeutung für die Absicherung oder Verbesserung des Corporate Development erkannt und ausreichend berücksichtigt wird. Es mag andere Gegenstandsbereiche geben, wie etwa eine aggressive, umfassende Lizenzpolitik, die einem nachfolgenden Controlling direkter zugänglich sind. Offene Fragen zur Kontrolle (messbarer) Erfolge dürfen nicht dazu verleiten, die Erledigung von Gegenstandsbereichen zurückzustellen.

6. Bewertung der Vor- und Nachteile

Die Behandlung des Gegenstandsbereiches Human Ressourcen kann grundsätzlich nicht davon abhängig sein, daß es einen Zentralbereich Unternehmensentwicklung gibt. Alle oder einer der Unternehmensbereiche können die Human Ressourcen als kritischen Erfolgsfaktor identifizieren und beauftragen eine Projektgruppe oder ein Projektkolleg als ein Zwischensystem auf Zeit[1] mit der Behandlung des Gegenstandsbereiches einschließlich der methodischen und instrumentalen Lösungen.

Nach Erledigung der Aufgabenstellung und Übernahme der Ergebnisse durch die nachfragenden Unternehmensbereiche löst sich die Projektgruppe oder das Projektkolleg wieder auf. Die Zuständigkeit des Zentralbereiches Unternehmensentwicklung würde vergleichbar auch an dieser Stelle zumindest zunächst als beendet gesehen.[2]

1) Vgl. BLEICHER 1979, S. 82.

2) Vgl. S. 159.

Wie die vorangegangenen Ausführungen gezeigt haben, geht es jedoch neben der Durchführung einer Aufgabenstellung, also den "Wie-Aspekt", um die sichere und rechtzeitige Identifizierung eines Gegenstandsbereiches von voraussichtlich dominanter und gegebenenfalls die Gesamtunternehmung betreffender Bedeutung, d.h. den "Was-Aspekt". Wenn es in einer Unternehmung einen Zentralbereich Unternehmensentwicklung gibt, wäre dieser Bereich die zutreffend zuständige Institution, diese Führungsaufgabe(n) geschäftsführungsmässig zu übernehmen. Mit der Identifizierung eines Gegenstandsbereiches wäre der erste Schritt getan. Wie das Beispiel des (kritischen) Erfolgsfaktors Human Ressourcen zeigte, liegt die nicht weniger anspruchsvolle Aufgabe darin, die Problemstellung zu strukturieren und methodische bzw. instrumentale Lösungen zu finden. Insoweit sollten die Aufgaben der Früherkennung und der Problembehandlung in einer Hand liegen. Die Zuständigkeit der Unternehmensbereiche, die Arbeitsergebnisse divisional zu integrieren, bleibt unberührt.

In vielen Unternehmungen ist ein strategisches Management der Human Ressourcen zwingend geworden. Verschiedene Untersuchungen der letzten Jahre zu diesem Thema haben den Unternehmungen plötzlich Erklärungen für kritische Wachstumsschwellen[1] in ihrer Unternehmensentwicklung gegeben. Der kritische, dominante Gegenstandsbereich war jedoch bereits gegeben. Die betroffenen Unternehmungen konnten oder können nur noch reagieren. Diese Erkenntnis mag Unternehmungen veranlassen, die beschriebene Aufgabenstellung zur Initialaufgabe für einen Zentralbereich Unternehmensentwicklung zu machen. Was heute der Gegenstandsbereich Human Ressourcen sein mag, kann morgen ein anderer Gegenstandsbereich sein. Die strategische Aufgabe besteht darin, den Unternehmensbereichen wie der Gesamtunternehmung rechtzeitig und ausreichende Handlungsspielräume zu erhalten bzw. zu schaffen. Eine so beschriebene und institutionalisierte, zentrale Behandlung zukünftig bedeutsamer Gegenstandsbereiche kann auch als ein

---

1) Vgl. WIESELHUBER 1985.

strategisches Management zur Bewahrung differenzierter unternehmerischer Handlungsspielräume bezeichnet werden.

Die Voraussetzung dafür ist allerdings, daß alle Systemmitglieder mit dem Inhalt der Aufgabenstellung und der strukturorganisatorischen Lösung zu ihrer Durchführung übereinstimmen. Es könnten drei wesentliche Vorteile realisiert werden. Arbeitsergebnisse des Zentralbereiches, die Handlungsbedarf erkennen lassen, können von keinem der Systemmitglieder negativ aufgenommen werden.[1] Umgekehrt können sich die Unternehmensbereiche, ohne allerdings von der Verantwortung einer auch weiterhin eigenen dynamischen Beobachtung der jeweiligen kritischen Erfolgsfaktoren freigestellt zu sein, vorrangig auf die Realisierung des unmittelbaren strategischen und operativen Tagesgeschäftes konzentrieren. Eine so praktizierte Aufgabenteilung kann zu einer wesentlichen psychologischen Entlastung innerhalb der Unternehmensgesamtorganisation führen. Schließlich haben die Unternehmensbereiche die Möglichkeit, wenn sie divisional auf Signale stoßen, ihnen aber eine zutreffende Bewertung (noch) nicht möglich ist und ihnen auch der instrumentale Ansatz (noch) fehlt, vom Zentralbereich Unternehmensentwicklung entsprechend dem Arbeitsprinzip vom Typ B eine abgeleitete Dienstleistung anzufordern.

Auf der anderen Seite sollte die außergewöhnliche Chance bestehen, das methodische und instrumentale Know-how, wie es teilweise innovativ bei der Behandlung vergleichbarer Gegenstandsbereiche anfällt, zu bewahren und systematisch weiter zu entwickeln. So ist der Lösungsansatz, wie er sich im Zusammenhang mit dem Gegenstandsbereich der Human Ressourcen darstellt, grundsätzlich auch auf andere vergleichbare Bedarfsfälle anzuwenden. Diese Chance besteht nicht so zuverlässig, wenn Gegenstandsbereiche in Form eines Zwischensystems auf Zeit behandelt würden.

---

1) Vgl. BUSSE 1985, S. 169.

Vierter Teil

CHANCEN UND GRENZEN EINES ZENTRALBEREICHES UNTERNEHMENSENTWICKLUNG FÜR DAS CORPORATE DEVELOPMENT

A. Vorbemerkungen

Die Analyse der Abweichungen, die zu Defiziten an Corporate Development führen, mag für eine konkrete Unternehmung die Notwendigkeit ergeben, einen Zentralbereich Unternehmensentwicklung mit unternehmensindividuell definierten Inhalten einzurichten. Die Analyse soll nicht ergeben, daß - über gegebenenfalls strukturorganisatorische Korrekturen hinaus - das Gesamtsystem organisatorischer Regelungen in Frage steht. Die Regelungseffizienz(en) und damit auch die Geltungsdauer werden also grundsätzlich bestätigt. Die Chancen eines Zentralbereiches Unternehmensentwicklung für das Corporate Development in Unternehmungen mit Matrixorganisation hängen deshalb wesentlich davon ab, daß die gesamte Regelungseffizienz uneingeschränkt erhalten, idealerweise jedoch zusätzlich noch verbessert wird. Die Geltungsdauer der Matrixorganisation würde also durch die Einrichtung eines Zentralbereiches Unternehmensentwicklung bestätigt und verlängert.

Dies setzt voraus, daß die Merkmale, Elemente und Eigenschaften des mehrdimensionalen Organisationsmodells aufgenommen und beachtet werden. Mehrdimensionale Organisationsmodelle entwickeln ihr besonderes Integrationspotential gerade unter komplexen und varianten Kontextbedingungen, so daß die Aufgabeninhalte eines Zentralbereiches Unternehmensentwicklung insoweit in einem strukturorganisatorisch günstigem Umfeld stehen. Das mehrdimensionale Modell sieht in seiner Konsequenz durch die hohe Zahl der an den Handlungssituationen beteiligten Systemmitglieder den institutionalisierten Konflikt vor.Damit er sich nicht disfunktional auswirkt, ist eine gleichermaßen hohe Fähigkeit wie Bereitschaft zur Problemlösung gefordert.[1]

1) Vgl. BLEICHER 1979, S. 101 und 1981, S. 129

Ein Zentralbereich Unternehmensentwicklung muß daher als Institution mit der bisherigen strukturorganisatorischen Reaktion bzw. Vorbereitung der Unternehmung auf komplexe oder erschwerte Kontextbedingungen in Übereinstimmung stehen. Er muß zum anderen in seinen Inhalten sowie insbesondere von den Arbeitsprinzipien her das Merkmal bzw. die Eigenschaften des institutionalisierten Konflikts bestätigen. Die Ausführungen zu den Arbeitsprinzipien vom Typ B und vom Typ C sowie die Ausführungen zu den Themen wie Synergienutzung oder Human Ressourcen haben gezeigt, wie diese Bedingungen erfüllt werden können.

Damit können zwei vorteilhafte Aspekte als gegeben angesehen werden. Die Einrichtung eines Zentralbereiches Unternehmensentwicklung kann mit einer Matrixorganisation als grundsätzlich kompatibel angesehen werden. Der Erfolg der Matrixorganisation hängt entscheidend davon ab, daß ein Klima der Kooperation besteht.[1] Die erfolgreiche Arbeit des Zentralbereiches Unternehmensentwicklung setzt durch hohe Partizipation die Kooperation ebenfalls voraus. Damit läßt sich sagen, daß eine erfolgreich praktizierte Matrixorganisation einen Zentralbereich Unternehmensentwicklung wesentlich stützt wie andererseits eine erfolgreiche, auf Partizipation und Kooperation basierende Arbeit des Zentralbereiches stabilisierende Rückwirkungen auf die anspruchsvolle Matrixorganisation und die sie tragenden Systemmitglieder haben wird.

Diese vorteilhaften Abhängigkeiten lassen sich für eine Unternehmung, deren Unternehmensorganisation dem eindimensionalen Organisationsmodell, insbesondere in der Ausprägung des Verrichtungsmodells folgt, nicht nachweisen. Gleichwohl kann sich die Notwendigkeit ergeben, sich mit den gleichen oder ähnlichen Aufgabeninhalten befassen zu müssen, wie sie im Rahmen dieser Arbeit angesprochen sind. Im Idealfall mag die Analyse ergeben, daß nur eine Problemstellung zusätzlich eine zukünftig überragende Bedeutung für das Corporate Development haben würde. Die

1) Vgl. BLEICHER 1979, S. 101.

Unternehmung kann sich entscheiden, einen zusätzlichen, verrichtungsorientierten Vorstandsgeschäftsbereich einzurichten wie beispielsweise in den Fällen, in denen die Logistik zukünftig ein solcher dominanter Gegenstandsbereich sein wird. In allen anderen Fällen würde sich die Notwendigkeit ergeben, mit Zwischensystemen auf Zeit oder auf Dauer zu arbeiten oder bestimmte Zentralabteilungen einzurichten, die projektspezifische Integrationsaufgaben übernehmen.[1] Da das eindimensionale Organisationsmodell konzeptbedingt mehr auf Wettbewerb denn auf Kooperation angelegt ist,[2] kann nicht abgeschätzt werden, ob die Arbeitsergebnisse in ihrer Auswirkung auf die Absicherung und Verbesserung des Corporate Development vergleichbar sind. Es ist nicht Gegenstand dieser Arbeit, ob eine Unternehmung in den Fällen, in denen bei eindimensionaler Organisation Handlungsbedarfe der hier angesprochenen Art festgestellt würden, im Sinne einer Vorbereitung auf weiter erschwerte Kontextbedingungen nicht grundsätzlich den Übergang auf ein mehrdimensionales Organisationsmodell überlegen sollte.[3]

B. Voraussetzungen zur Wahrung der Chancen

I. Volle Nutzung der Potentiale des Systems der strategischen Unternehmensplanung

Bevor eine Unternehmung entscheidet, einen Zentralbereich Unternehmensentwicklung einzurichten, müssen zunächst alle Chancen genutzt werden, die ihr bisheriges System der strategischen Unternehmensgesamtplanung bietet. Diese Forderung klingt gleichermaßen selbstverständlich und simpel. Die praktische Erfahrung zeigt jedoch immer wieder, daß diese Forderung nicht ausreichend beachtet wird. Die negativen Konsequenzen können erheblich sein. Die Unternehmensorganisation - als regelungsor-

---

1) Vgl. BLEICHER 1979, S. 93.

2) Ebenda, S. 101.

3) Vgl. BLEICHER 1981, S. 89-94.

ganisatorische Konsequenz einer strategischen Planung - zählt zum Gesamtsystem der strategischen Unternehmensplanung. Die Konsequenzen sind unschwer abzusehen, wenn beispielsweise die Geltungsdauer der Aufbauorganisation zu früh als beendet erachtet wird.

Die Forderung, zunächst alle Optionen zu nutzen, setzt natürlich verschiedene Bedingungen voraus. Die Bedingung, daß sich eine Unternehmung über die dynamische Interdependenz der Inhalte strategischer Planung[1)] ständig im klaren sein muß, soll hier nicht mehr besonders erwähnt werden. Anders verhält es sich bereits mit den Instrumenten und Entscheidungshilfen strategischer Planung, über die eine umfassende Information bestehen muß und zwar sowohl vom Ansatz als auch vom Entwicklungspotential her als auch von den Möglichkeiten ihrer sinnvollen Kombination. Jede Unternehmensorganisation hat zunächst auch einen organisatorischen Überschuß. Daher muß nicht zuletzt auch die Bedingung erfüllt sein, den Bestand an noch nutzbarem Überschuß zu kennen, bevor grundsätzliche Veränderungen in Betracht gezogen werden. Oft genug führen unerwartete Zielabweichungen und sich daraus ergebende Defizite an Corporate Development zu voreiligem Aktionismus. Aber auch der umgekehrte Fall trifft zu. Obwohl Veränderungen geboten erscheinen, wird an den bisherigen Instrumenten und Entscheidungshilfen festgehalten. Auch wird ein strategisches Management der Synergienutzung nicht eingeleitet, weil die strukturorganisatorische Lösung nicht gesehen wird.

Aus diesem Grunde haben auch die Ausführungen etwa zu den verschiedenen Arten von Abweichungen sowie zu den Fragen der Vorhersehbarkeit oder Beeinflußbarkeit von Ursachen in dieser Arbeit einen so breiten Raum eingenommen. Auch die Ausführungen zu den möglichen strukturorganisatorischen Korrekturen waren verhältnismäßig breit angelegt, um zu verdeutlichen, daß eine Unternehmung möglicherweise noch verschiedene, bisher nicht erkannte Optionen hat, Chancen zu wahren und Bedrohungen abzuwehren.

1) Vgl. KREIKEBAUM 1981, S. 27-48.

Die Chancen eines Zentralbereiches Unternehmensentwicklung für das Corporate Development setzen also voraus, daß zunächst die Potentiale des heute bekannten Systems der strategischen Unternehmensplanung einschließlich der Potentiale der konkreten strukturorganisatorischen Lösung einer Unternehmung genutzt werden. Im Umkehrschluß bedeutet das, daß die Institutionalisierung eines Zentralbereiches Unternehmensentwicklung und die Struktur seiner Aufgabeninhalte sich an den verbleibenden, durch bisherige Lösungen nicht abgedeckten Bedrohungspotentialen zu orientieren hat und/oder an den zukünftigen Chancen, für deren rechtzeitige Nutzung erst noch Handlungsspielräume zu schaffen sind.

Wenn in schwachen oder gefährdeten Unternehmungen ein Zentralbereich Unternehmensentwicklung eingerichtet wird, liegt der Schluß nahe, daß es sich nicht zwingend um eine situationsgerechte Reaktion handelt. Zentralbereiche für Unternehmensentwicklung sind vielmehr in relativ stabilen und erfolgreichen Unternehmungen zu erwarten. Die Einrichtung eines solchen Zentralbereiches bei der Bertelsmann AG könnte diese Schlußfolgerung bestätigen.

II. Akzeptanz innerhalb der Gesamtunternehmensorganisation

In der Regel sind bereits mit der Einführung der strategischen Planung in einer Unternehmung Akzeptanzprobleme verbunden,[1] obschon die Notwendigkeit dieser Entscheidung selten grundsätzlich bestritten wird. Erst recht bei der Einrichtung eines Zentralbereiches Unternehmensentwicklung werden sich die Systemmitglieder bei ihrer sachlichen Bewertung und persönlichen Einstellung von den Vor- und Nachteilen der Neuerung bestimmen lassen. Dieses Verhalten ist aber ganz natürlich. Es wäre grundsätzlich falsch, die Entscheidung ohne ausreichende Aufklärung und Motivation in der Unternehmung durchsetzen zu wollen, erst recht dann, wenn bereits ein strategisches Management der Human Ressourcen praktiziert würde.

1) Vgl. KREIKEBAUM 1981, S. 113.

Für den neuen Zentralbereich kann die Gefahr einer Isolation von Anfang an bestehen und zwar von zwei Seiten her. Zunächst handelt es sich um einen weiteren Zentralbereich. Wenn jedoch die Leistungsfähigkeit der Matrixorganisation für die konkrete Unternehmung bisher nachweislich gegeben oder akzeptiert ist, sollte dies kein überzeugendes Argument sein. Die (weitere) Leistungsfähigkeit einer Matrixorganisation ist deshalb nicht in Frage gestellt, weil ein weiterer Zentralbereich eingerichtet würde. Wie die Ausführungen dieser Arbeit zeigen, sollen vom Zentralbereich Unternehmensentwicklung Aufgabenstellungen übernommen werden, die die Systemmitglieder auf dem Hintergrund ihrer Erfahrungen mit der strategischen Planung mehr in ihrer bisherigen Zuständigkeit sehen könnten als in der Zuständigkeit eines neuen Zentralbereiches. Daraus könnte sich das Argument ergeben, daß der Zentralbereich Aktivitäten fernab vom eigentlichen Ort des Geschehens wahrnimmt. Die Aufklärung und die Motivation müssen deshalb sehr weit vorne beginnen. Der Ausgangspunkt sind die differenzierte, partizipative Analyse der möglicherweise eingetretenen Abweichungen und die Diskussion darüber, ob die gegebenen Strukturen, Regelungen und/oder Zuständigkeiten reichen, Handlungsspielräume zu erhalten oder zu schaffen.

Letztlich müssen Aufklärung und Motivation dem Pfad folgen, auf dem deduktiv in dieser Arbeit gegangen wird. Die Systemmitglieder sind davon zu überzeugen, daß die Potentiale des bisher praktizierten Systems der strategischen Planung einschließlich der aktuellen strukturorganisatorischen Lösung zwar erfolgreich im Hinblick auf mehr oder weniger vorhersehbare Bedrohungen und Chancen ausgeschöpft werden, sie aber nicht notwendigerweise auch ausreichend sind, auf verbleibende Bedrohungen oder Chancen rechtzeitig und zutreffend reagieren zu können.

Mit der Akzeptanz innerhalb der Gesamtunternehmensorganisation ist zwingend aber auch die Einhaltung der vereinbarten Arbeitsprinzipien verbunden. Zwischen der Aufgabenstellung, den Arbeitsprinzipien und der Integrierbarkeit der Ergebnisse besteht ein direkter, von allen Systemmitgliedern zu beachtender Zusammenhang.

Die Aufgabenstellungen des Zentralbereiches Unternehmensentwicklung müssen in Übereinstimmung mit allen Systemmitgliedern definiert werden. Änderungen - Erweiterungen, Reduzierungen oder Beendigung - können daher ebenfalls nur in Übereinstimmung erfolgen. Diese Verpflichtung ergibt sich daraus, daß die Aufgabeninhalte in direkter Auswirkung auf das Corporate Development gesehen werden müssen.

Das Akzeptanzproblem muß letztlich unternehmensindividuell gelöst werden. Vereinfacht reduziert es sich auf die Fragestellung, welche Vorteile mit einem Zentralbereich Unternehmensentwicklung erreicht werden können gegenüber einem Zustand ohne einen solchen Zentralbereich.

C. Wahrung der Chancen

I. Chancen für die Absicherung und Verbesserung des Corporate Development

1. Gesamtunternehmensportfolio und initiatives Management

Die Unterscheidung zwischen einem abgesicherten und einem zusätzlich verbesserten Corporate Development ist nicht zwingend. Gleichwohl sprechen gewichtige Gründe dafür. Es mag Unternehmungen geben, denen es vor allem erst einmal darauf ankommt, das Corporate Development abzusichern. Für sie mag es (zunächst) entscheidend sein, zuverlässig die Fähigkeit zu erlangen, zukünftig "kritische Wachstumsschwellen in der Unternehmensentwicklung rechtzeitig zu erkennen, richtig beurteilen und erfolgreich meistern zu können",[1) bevor an eine zusätzlich verbesserte, in der Regel beschleunigte Unternehmensentwicklung zu denken ist. Dies führt zu einer weiteren Begründung für die oben genannte Unterscheidung. Viele Unternehmungen haben in der Annahme, daß der geplante Entwicklungspfad abgesichert sei, ihr Augenmerk vorschnell und vornehmlich auf eine zusätzliche Ver-

1) WIESELHUBER 1985.

besserung der Unternehmensentwicklung gerichtet, etwa im Sinne der Diversifikation oder auch einer forcierten Internationalisierung. Ein abgesichertes Corporate Development ist die entscheidende Voraussetzung für seine zusätzliche und in der Regel zusätzlich ressourcenintensive Verbesserung. Der Einstieg ist deshalb immer die (partizipative) Analyse.

Die Unterscheidung in Absicherung und Verbesserung des Corporate Development ist auch durch die folgende Überlegung zu begründen. Die Unternehmensentwicklung steht im Spannungsfeld von Bedrohungen und Chancen. Bevor Chancen genutzt werden können, müssen zunächst die Bedrohungen beseitigt bzw. reduziert oder ihre Vorhersehbarkeit verbessert werden. Das bedeutet, daß die Abwehr- und Reaktionsfähigkeit verbessert werden muß. Die Absicherung des Corporate Development würde daher in erster Linie eine Absicherung im Hinblick auf Bedrohungen bedeuten. Die Verbesserung des Corporate Development würde dann im wesentlichen die Nutzung von (zusätzlichen) Chancen zum Inhalt haben. Welche Aufgabeninhalte letztlich für einen Zentralbereich Unternehmensentwicklung in Betracht kommen, ist unternehmensindividuell zu entscheiden. Sie können noch der Absicherung und gleichermaßen auch schon der Verbesserung des Corporate Development dienen. Je mehr die Unternehmensentwicklung zunächst erst nur abgesichert werden soll, um so weniger wäre möglicherweise schon ein Zentralbereich gerechtfertigt, weil gegebenenfalls noch nicht alle Potentiale des aktuellen Systems der strategischen Planung innerhalb der Unternehmung genutzt sind. Je mehr es um eine zusätzliche Verbesserung der Unternehmensentwicklung geht, um so mehr wäre dann ein Zentralbereich begründet.

Ob es sich nun mehr um Bedrohungspotentiale oder mehr um Chancen oder um beides gleichermaßen handelt, in jedem Fall würde sich eine der Hauptaufgaben auf eine sowohl revolvierende als auch vorausschauende Überprüfung des Gesamtunternehmensportfolios und seiner Bestimmungs- und Einflußgrössen als Bezugspunkt der Unternehmensentwicklung konzentrieren. Zu den Bestimmungs- und Einflußgrössen zählen die generellen sowie die kritischen Erfolgsfaktoren. So mag es um den richtigen Zeitpunkt der Eliminierung oder der Substitution (kritischer) Erfolgsfaktoren gehen. Wie über den Effizienzabbau organisatorischer Regelungen der richtige Zeitpunkt zur Eliminierung oder Substitution einer Regelung identifiziert werden muß[1), soll es sich hier darum handeln, die kritischen Erfolgsfaktoren auf ihren Effizienzbeitrag im Hinblick auf die Wettbewerbspositionen einer laufenden Überprüfung zu unterziehen. Das weitere Kriterium dieser Hauptaufgabe ist, daß Initiativen ausgelöst werden. Die Tatsache, daß nachlassende Faktoreffizienzen oder generelle Faktorverschiebungen festgestellt werden, begründet einen Zentralbereich Unternehmensentwicklung noch nicht hinreichend. Wie die vorausgegangenen Ausführungen etwa am Beispiel der Human Ressourcen zeigen, geht es gleichermaßen um eine initiativ-innovative Umsetzung in Verfahren und Entscheidungshilfen bis hin zu einem dann die Gesamtunternehmung umfassenden strategischen Management in Bezug auf den identifizierten Faktor.

Wenn eine Absicherung des Corporate Development letztlich eine Absicherung der Wettbewerbsposition(en) bedeutet, so hat eine zusätzliche Verbesserung des Corporate Development eine zusätzliche Verbesserung der Wettbewerbsposition(en) zum Ziel. Ein initiatives Management im Sinne der obigen Ausführungen kann somit als ein Erfolgsfaktor eigener Art verstanden werden, der über die zukünftigen Wettbewerbspositionen der einzelnen Unternehmensbereiche in ihren Teilmärkten wie der Gesamtunternehmung in ihrer Industrie oder Branche wesentlich mit entscheidet.

2. Management der Synergienutzung

Ein (strategisches) Management der Synergienutzung kann als die andere mögliche Hauptaufgabe eines Zentralbereiches Unternehmensentwicklung gesehen werden. Die Praxis zeigt, daß initiatives

---

1) Vgl. KREIKEBAUM 1975, S. 57-67.

Management in dem hier verstandenen Sinn und Synergienutzung in einem Zusammenhang bzw. in einer Abfolge stehen können. Eine naheliegende Konsequenz aus der laufenden Überprüfung des Effizienzbeitrages von (kritischen) Erfolgsfaktoren kann die Nutzung bereichsübergreifender Synergien sein.[1] Umgekehrt wird ein Management der Synergienutzung, wenn es zunächst als einzige Hauptaufgabe eines Zentralbereiches Unternehmensentwicklung definiert würde, in der weiteren Abfolge auch ein Initiativmanagement auslösen. Denn die Synergienutzung ist kaum möglich, ohne die Lebenszykluskurve(n) der Erfolgsfaktoren zu kennen und über die Zeit zu überprüfen. Über den Weg der Suche nach Synergienutzung kann sich daher ergeben, daß der Zentralbereich Unternehmensentwicklung zukünftig auch ein initiatives Management als weitere Hauptaufgabe zu übernehmen hätte.

Ein strategisches Management der Synergienutzung wäre allerdings zu eng gesehen, wenn es nur im Zusammenhang mit den im Rahmen dieser Arbeit gemachten Ausführungen und angesprochenen Beispielen verstanden würde. Ein Management der Synergienutzung kann auch eine Form des Innovationsmanagements sein. Innovation wird neueren Untersuchungen[2] zufolge von den deutschen Unternehmungen oft noch zu ausschließlich auf Produktinnovation bezogen und diese dann auch nur über die herkömmlichen Umsetzungsmechanismen vollzogen. Eine größere Innovationskraft, so wird gefolgert,[3] wäre zu erreichen, wenn auch andere (starke) Fähigkeiten einer Unternehmung wie etwa das Distributionspotential oder auch die Unternehmensstruktur als Innovationspotentiale verstanden würden. Allerdings müßten dann auch neue Umsetzungsmechanismen gesucht werden, wozu auch gehört, daß die Zusammenarbeit u.a. zwischen Entwicklung, Vertrieb und Produktion intensiviert und nicht durch organisatorische Abschottung behindert wird.[4] Ein solcher innovativer Umsetzungsmechanismus wäre

---

1) Vgl. SOMMERLATTE/DESCHAMPS 1985, S. 67-71.

2) Vgl. SOMMERLATTE 1986.

3) Ebenda.

4) Ebenda.

das Arbeitsprinzip vom Typ C, wie es im Rahmen dieser Arbeit auch als Führungs- und Entscheidungsebene für ein Management der Synergienutzung gesehen wird. Letztlich könnte damit beispielsweise eine Konferenz für Vertriebskoordination sowohl der Synergienutzung als auch der Innovation dienen. Für beide Zielaufgaben dürfte die Struktur der Teilnehmer zudem weitgehend identisch sein.

Innovative Unternehmungen können sich auch dadurch auszeichnen, "daß Führungskräfte systematisch mit Mitarbeitern mehrerer unter ihnen liegender Organisationsebenen zusammentreffen."[1)] Auch dieses Merkmal würde für das Arbeitsprinzip vom Typ C gelten.

Aus diesen Zusammenhängen ließe sich folgern, daß eine Unternehmung, die ein strategisches Management der Synergienutzung auf der Basis des Arbeitsprinzips vom Typ C betreibt, auch auf dem Weg zu mehr Innovation ist. Dieser Spin-off ist nicht Gegenstand dieser Arbeit. Der Hinweis soll nur verdeutlichen, welche weiteren Initiativen von einem Zentralbereich Unternehmensentwicklung angestossen werden könnten und vor allem dann, wenn sich seine Einzelaufgaben gerade um die Gegenstandsbereiche Initiativmanagement und Synergienutzung strukturieren.

II. Chancen für die Unternehmung als Gesamtsystem und die Systemmitglieder

1. Konstanz des Matrixmodells bei gleichzeitig erhöhtem Partizipationsgrad

Der produktive Beitrag der Unternehmensorganisation für das Corporate Development ist bereits an anderen Stellen ausführlich angesprochen worden. Wenn heute im Zusammenhang mit der Absicherung oder der zusätzlichen Verbesserung des Corporate Development Eingriffe oder sogar substantielle Veränderungen

---

1) Vgl. SOMMERLATTE 1986.

in die Unternehmensorganisation erforderlich erscheinen sollten, wird jede Unternehmung aber doch zunächst versuchen, die Geltungsdauer des bestehenden Systems organisatorischer Regelungen noch zu verlängern. Dafür gibt es zwei naheliegende Gründe, wie sie sich auch aus den bisherigen Ausführungen ableiten lassen. Eine weitgehende Stabilität der Kontextbedingungen sowie der Austauschbeziehungen wie etwa bis Mitte der siebziger Jahre kann weniger denn je für die Zukunft erwartet werden. Das Risiko, eine substantielle Veränderung der Unternehmensorganisation dann in wenigen Jahren in die eine oder die andere Richtung möglicherweise erneut vornehmen zu müssen, kann den Unternehmungen zu groß erscheinen. Auch die teilweise negativen, in jedem Fall aber nachhaltigen Auswirkungen strukturorganisatorischer Änderungen auf die Systemmitglieder sind - insbesondere im Falle eines strategischen Managements der Human Ressourcen - zunehmend in Betracht zu ziehen. Im Hinblick auf beide Gründe wäre daher zunächst das gegebenenfalls noch zur Verfügung stehende Potential an organisatorischem Überschuß zu identifizieren und zu (re-) aktivieren. Wenn allerdings die Unternehmensorganisation letztlich als kritische Wachstumsschwelle feststeht,[1] wird natürlich keine Unternehmung zögern dürfen, strukturorganisatorische Veränderungen durchzuführen.

Um so vorteilhafter dürfte es für eine Unternehmung sein, wesentliche, auf die Absicherung und die Verbesserung des Corporate Development gerichtete Aufgabenstellungen durchführen zu können, ohne die konkrete Unternehmensorganisation ändern zu müssen. Die Einrichtung eines Zentralbereiches Unternehmensentwicklung bedeutet in einer Unternehmung mit Matrixorganisation sogar ihre ausdrückliche Bestätigung und Kontinuität. Dies ist dadurch sichergestellt, daß die (Integrations-) Merkmale des mehrdimensionalen Modells genutzt werden.

---

1) Vgl. WIESELHUBER 1985, S. 55-63

Das mehrdimensionale Organisationsmodell setzt bereits eine hohe Partizipation der Systemmitglieder voraus. Der Partizipationsgrad nimmt im Rahmen der Arbeit eines Zentralbereiches Unternehmensentwicklung noch zu. Hohe Partizipation wird im Hinblick auf weiterhin erschwerte Kontextbedingungen und instabile Austauschbeziehungen ohnehin zunehmend als eine wichtige (Erfolgs-) Voraussetzung angesehen werden müssen. Eine Unternehmung in Matrixorganisation, die sich darüber hinaus für einen Zentralbereich Unternehmensentwicklung entscheidet, dürfte daher besonders vorteilhafte Voraussetzungen haben, ihr weiteres Corporate Development verläßlich(er) abzusichern und erfolgreich(er) zusätzlich zu verbessern.

2. Konzentration der Systemmitglieder auf das laufende strategische und operative Geschäft

Bereits die generelle Einführung eines Systems der strategischen Planung kann mit den bekannten Implementierungsschwierigkeiten verbunden gewesen sein. Überlastung der betroffenen Systemmitglieder, Scheu vor dem zeitraubenden Prozeß des Nachdenkens über strategische Alternativen, Vorrang des operativen Handelns sind nur einige der immer wieder nachzuweisenden Merkmalsbeschreibungen.[1] Wenn die gleichen Systemmitglieder gehalten sind, im Hinblick auf ausreichende und rechtzeitige Handlungsspielräume über den bisher für das Corporate Development gesetzten Bedingungsrahmen noch hinaus zu denken, werden sich möglicherweise ungleich größere, auch psychologische Barrieren ergeben als zum Zeitpunkt der Einführung der strategischen Planung. Es kann zum Konflikt kommen, wenn Systemmitglieder ihre optimistische Grundhaltung gleichzeitig durch pessimistische Annahmen über möglicherweise nicht vorherzusehende Bedrohungen überlagern sollen. In einem anderen Fall können die betroffenen Systemmitglieder bereits Schwierigkeiten haben, die aktuelle positiv-optimistische Planung in ihren Voraussetzungen

---

1) Vgl. KREIKEBAUM 1981, S. 105 und S. 117.

zu erfüllen. Für zusätzliche Aktivitäten, die einer weiteren Verbesserung des Corporate Development dienen würden, können sich die Systemmitglieder quantitativ wie qualitativ überfordert sehen. Gleichwohl kann über ihre prinzipielle Zuständigkeit und Verantwortung kein Zweifel bestehen.

Die Einrichtung eines Zentralbereiches Unternehmensentwicklung unter den in dieser Arbeit im einzelnen dargelegten Bedingungen und Umständen kann somit zu einer Art zusätzlicher Arbeitsteilung führen, die ausdrücklich gewollt ist, ohne die originären Zuständigkeiten grundsätzlich aufzuheben. Die Inhalte sowie die Schnittstellen sind unternehmensindividuell zu bestimmmen. Ein Schnittstellenmerkmal könnte sein, daß die Unternehmensbereiche für das laufende strategische wie operative Geschäft zuständig sind, der Zentralbereich Unternehmensentwicklung dagegen für Inhalte, die den Charakter außerordentlicher Entwicklungen hätten oder haben würden, wenn sie sich tatsächlich ergeben.

Erst das Maß an Fähigkeit und Vorbereitung, auf normale und weitgehend vorhersehbare sowie außerordentliche und nicht vorhersehbare Bedrohungen und Chancen reagieren zu können, bestimmt letztlich die Wettbewerbsposition der Unternehmensbereiche wie der Gesamtunternehmung von morgen.

3. Kosten- und Nutzenbetrachtung sowie Erfolgskontrolle

Mit der Einrichtung eines Zentralbereiches Unternehmensentwicklung ist eine Kosten- und Nutzenbetrachtung verbunden, ohne die auch eine spätere Erfolgskontrolle nicht möglich wäre. Art, Umfang und Aussagefähigkeit der Kosten- und Nutzenbetrachtung sind von den einzelnen Aufgabenstellungen abhängig, die unternehmensindividuell dem Zentralbereich zugeordnet würden.

Aufgabenstellungen im Zusammenhang mit dem Arbeitsprinzip vom Typ A haben vor allem die Poolung von Ressourcen zum Ziel. Die Systemmitglieder stimmen annahmegemäß darin überein, die beispielsweise bisher divisionale Erledigung einer Aufgabenstellung aus Gründen der Kostenersparnis zukünftig zentral wahrnehmen zu lassen. Für das entsprechende Eingangsbudget wäre von der Summe der bisher auf divisionale Aktivitäten bezogenen Planstellen und Kosten unter Berücksichtigung eines erwarteten Rationalisierungseffektes durch Poolung auszugehen. Das Leistungskriterium[1] wäre in diesem Fall der von allen Systemmitgliedern einvernehmlich verabschiedete Vorgehensplan, der der Art, der Zeit und dem Budget nach zu erfüllen ist.

Ein Zentralbereich Unternehmensentwicklung würde jedoch immer auch Aufgabenstellungen im Zusammenhang mit den Arbeitsprinzipien vom Typ B und/oder Typ C umfassen. Die Ergebnisse etwa einer Konferenz für Vertriebskoordination oder Entwicklungskoordination wären zwar letztlich ersparte Teilaufwendungen (teilersparte Investitionen, teilersparte F&E Aufwendungen). Die Hauptaufgabe besteht jedoch darin, Handlungsbedarfe zu identifizieren, Initiativen einzuleiten und Entscheidungen zu treffen. Das Leistungskriterium wäre in diesem Fall beispielsweise ein zu erwartendes Maximum an Synergienutzung. Für Aufgabenstellungen dieser Art und die damit verbundenen Einzelaktivitäten kann ein Eingangsbudget zunächst nur auf der Basis von Annahmen bestimmt werden. Die Nutzenbetrachtung müsste entsprechend der Ausgangslage erfolgen. Wenn Zielabweichungen bereits eingetreten sind, bestimmt sich der Nutzen danach, in welcher Zeit das Defizit an Corporate Development wieder ausgeglichen ist und zwar sicherer, als wenn die Korrekturmaßnahmen in jeweils divisionaler Zuständigkeit bleiben würden. Wenn es dagegen darum geht, im Vorgriff auf mögliche zusätzliche Bedrohungen (und/oder Chancen) Vorsorge in den Handlungsspielräumen zu treffen, müßte der entsprechende Aufwand eines Zentralbereiches Unternehmensentwicklung als eine Art Risikoprämie verstanden werden. Sicherlich kann keine hundertprozentige Vorsorge getroffen werden. Es sollte jedoch die Abwägung genügen, mit welcher Wahrscheinlichkeit zukünf-

---

1) Vgl. LAUKAMM/STEINTHAL 1985, S. 33-34.

tig kritische (oder chancenbietende) Gegenstandsbereiche rechtzeitig von den mit dem Tagesgeschäft befaßten Unternehmensbereichen oder von einem Zentralbereich Unternehmensentwicklung identifiziert und in Initiativen umgesetzt würden. Die Differenz der Wahrscheinlichkeiten wäre die Leistungsmessung für den Zentralbereich.

Wenn die Kosten- und Nutzenbetrachtung, für die hier nur Hinweise gegeben werden können, zugunsten eines unternehmensindividuellen Zentralbereiches Unternehmensentwicklung ausfällt und durch die vorauszusetzende Akzeptanz aller Systemmitglieder auch Übereinstimmung bezüglich des Budgets besteht, so bleibt noch zu klären, in welcher Form die Kosten des Zentralbereiches kalkulatorisch berücksichtigt werden sollten.

Normalerweise würden die Kosten innerhalb der üblichen Gemeinkostenarten berücksichtigt und zwar vorzugsweise in den Vertriebsgemeinkosten. Je nach der Aufgabenstruktur des Zentralbereiches wäre auch eine Aufteilung sowohl auf die Vertriebsals auch auf die Konstruktionsgemeinkosten denkbar. Vorteilhafter erscheint jedoch der Ausweis der Kosten als eine eigene Gemeinkostenart, entweder als Vertriebsgemeinkosten II oder auch direkt als Gemeinkosten Unternehmensentwicklung. Dies hätte den Vorteil, daß zwischen den spezifischen, von den Unternehmensbereichen übernommenen Kostenanteilen und der weiteren bereichsbezogenen Unternehmensentwicklung ein besser nachvollziehbarer (Hebelwirkungs-) Zusammenhang hergestellt werden könnte.

Die Berücksichtigung der Kosten auf diese Weise hätte jedoch den Nachteil, daß sie bereits zu dem Zeitpunkt in den Umsatzkosten der Unternehmensbereiche bzw. der Produkte erscheinen, wenn noch keine direkten Markt- und Wettbewerbseffekte aus den Aktivitäten des Zentralbereiches Unternehmensentwicklung zu erwarten sind. Im Falle bereits renditestarker Produkt- oder Unternehmensbereiche könnte so verfahren werden. Für Bereiche etwa in starker Preiskonkurrenz würde dagegen eine solche kalkulatorische Behandlung der Kosten zu einer Marktirritation führen und die Wettbewerbsposition eher weiter erschweren. Zumindest in der Startphase eines Zentralbereiches Unternehmensentwicklung sollte daher eine Erstattung der Kosten aus den Unternehmensbereichsergebnissen erfolgen. Das primäre Ziel ist nicht, die Kosten für spezifische Aktivitäten der Unternehmensentwicklung vom Markt unmittelbar auch wieder erstattet zu bekommen. Durch diese Investition in Maßnahmen zur Absicherung und Verbesserung des Corporate Development je Unternehmensbereich sollen vielmehr die Strukturen der Wertschöpfung verändert werden und damit auch der Gewinnspielraum. Eine solche, für alle Unternehmensbereiche einheitliche Darstellung und Behandlung der Kosten würde die Vergleichbarkeit innerhalb der Gesamtunternehmung erhalten und einen direkten Bezug zwischen den Kosten und der Veränderung der Unternehmensentwicklung ermöglichen.

III. Der Zentralbereich Unternehmensentwicklung als neuartiger Bestandteil eines Systems der strategischen Planung

Die im Rahmen der strategischen Planung formulierten Absichten, Strategien, Maßnahmen und Ziele geben an, wie die Unternehmung die aus den Kontextbedingungen und den Austauschbeziehungen sich ergebenden Chancen und Bedrohungen wahrnehmen bzw. abwehren will.[1] Chancen können nur wahrgenommen und Bedrohungen nur abgewehrt werden, wenn Handlungsspielraum gegeben ist, bewahrt werden kann und/oder neu geschaffen wird. Um den Handlungsspielraum quantitativ, qualitativ und der Zeit nach richtig zu bestimmen, sind die Chancenlage und die Bedrohungslage zu bewerten.[2] Strategische Planung kann deshalb auch als die Verschaffung ausreichender Handlungsspielräume für eine abgesicherte und/oder verbesserte Unternehmensentwicklung definiert werden. Zu den wesentlichen Voraussetzungen für den Bestand an Handlungsspielraum zählt die Unternehmensorganisation. Sie folgt

1) Vgl. KREIKEBAUM 1981, S. 23.

2) Vgl. BUSSE 1985, S. 180.

in der Regel der Unternehmensstrategie. Somit stehen Chancen und Bedrohungen sowie Handlungsspielraum und Unternehmensorganisation in direkter Abhängigkeit.

Diese Abhängigkeit steht unter dem permanenten Druck der beiden Tatsachen, die im wesentlichen auch die Basis der Überlegungen und Ausführungen dieser Arbeit sind. Der zukünftige Zustand der Umweltbedingungen, d.h. das Potential an Chancen und Bedrohungen für die einzelne Unternehmung kann sich gegenüber der heutigen Situation und der erwarteten Entwicklung unvorhersehbar und drastisch ändern. Zum anderen muß es gelingen, über die Symptome hinaus die wahren Ursachen zu erkennen. Mit den herkömmlichen Führungsinstrumenten lassen sich die Bedrohungs- (oder Chancen-) Auswirkungen durchaus ausweisen, die sichtbar gemachten Symptome sagen aber nichts über die wahren Ursachen einer Bedrohung oder einer Chance.[1]

In die strategische Planung müßte "deshalb auch ein Stück Phantasie und Kreativität im Hinblick auf die Erfassung der möglichen Welt von morgen mit einfließen".[2] Dies kann bedeuten, daß die gleichen Systemmitglieder laufend wieder in Frage stellen müßten, was sie gerade erst planerisch und mit Maßnahmen versehen verabschiedet haben. Der Aspekt der Phantasie und Kreativität muß deshalb gegebenenfalls auf andere Systemmitglieder übertragen werden. Aber auch die Suche nach den Ursachen über die Symptome hinaus mag zunehmend die Möglichkeiten und Voraussetzungen eines oder aller Unternehmensbereiche übersteigen. Teilweise bestehen zwischen den Ursachen zunehmend auch Wechselbeziehungen, die erst über einen längeren Zeitraum identifiziert werden können. Die Ableitung rechtzeitiger und richtiger Initiativen mag die ursprünglich zuständigen Systemmitglieder im Hinblick auf das laufende strategische und operative (Tages-) Geschäft erst recht überfordern. Unter Überforderung soll vor allem der Zwang verstanden sein, in jedem Fall schneller sein zu müssen als der Wettbewerb.

---

1) Vgl. BUSSE 1985, S. 167.

2) KREIKEBAUM 1981, S. 27.

Die Lösung kann in einem Zentralbereich Unternehmensentwicklung gesehen werden. Wenn die Aufgabenstellungen so bestimmt werden, daß sie helfen, Bedrohungen zu reduzieren und Chancen zu wahren, kann der Zentralbereich Unternehmensentwicklung als ein Bestandteil der strategischen Unternehmensgesamtplanung verstanden werden. Die strukturorganisatorische Einrichtung des Zentralbereiches entspricht im übrigen dem Grundsatz, daß die Struktur der Strategie folgt.

Unter der Voraussetzung, daß der Zentralbereich Unternehmensentwicklung die Merkmale der Matrixorganisation aufgreift, erweitert er den Beitrag, den die Unternehmensorganisation für den benötigten Handlungsspielraum zu leisten hat.

In diesem Verständnis sollte sich für den Zentralbereich Unternehmensentwicklung auch kein Akzeptanzproblem innerhalb des Gesamtsystems ergeben, wenn die strategische Planung insgesamt akzeptiert ist.

D. Grenzen eines Zentralbereiches Unternehmensentwicklung

I. Nachlassende Qualität in den Voraussetzungen zur Wahrung der Chancen

Die Wahrung der Chancen, die ein Zentralbereich Unternehmensentwicklung bietet, ist an bestimmte Voraussetzungen gebunden.[1] Seine Grenzen ergeben sich dann und in dem Maße, wie die Voraussetzungen nicht gegeben sind oder ihre Erfüllung über die Zeit nachläßt.

Eine besonders kritische Voraussetzung ist die Beachtung der geltenden Arbeitsprinzipien. Wenn sie nicht eingehalten oder aufgeweicht werden, gehen die der Matrixorganisation entnommenen Integrationsmerkmale verloren. Die Gefahr liegt aber nicht nur darin, daß der Zentralbereich sich nicht mehr an die Arbeitsprin-

1) Vgl. S. 167-171.

zipien hält. Auch die Unternehmensbereiche könnten ihren Beitrag zur Funktionsfähigkeit der Arbeitsprinzipien reduzieren. Der Zentralbereich würde in beiden Fällen in eine Isolation geraten.

Was oft in dem Verhältnis zwischen den operativen und den planenden Einheiten einer Unternehmung zu beobachten ist, nämlich die Rückdelegation als unbequem empfundener Planungsaufgaben an eine zentrale Unternehmensplanung,[1)] könnte sich tendenziell auch im Verhältnis zwischen den Unternehmensbereichen und dem Zentralbereich Unternehmensentwicklung ergeben. Der Zentralbereich ist jedoch nicht mit einem Stabsbereich zu vergleichen, auch wenn er die strategische Planung (auf der Basis des Arbeitsprinzips Typ B) mit beinhalten kann. Eine Gefahr könnte vielmehr darin bestehen, daß die operativen Bereiche die Beobachtung möglicher Bedrohungs- und Chancenpotentiale sowie die notwendigen Vorsorgemaßnahmen über die Zeit zunehmend als eine ausschließliche Aufgabe nur noch des Zentralbereiches verstehen. Der Zentralbereich ist gehalten, solchen Tendenzen rechtzeitig entgegenzutreten, denn am Ende könnte die Entkoppelung der Matrixorganisation insgesamt stehen.

Schließlich ist mit aller Konsequenz darauf zu achten, daß sich die Aufgabenstellungen des Zentralbereiches nicht ändern, ohne daß alle Systemmitglieder zugestimmt haben. Das bestrifft sowohl neue Aufgabenstellungen oder Erweiterungen bisheriger Inhalte als auch die Reduzierung oder die Beendigung bisheriger Aufgabenstellungen. Die Aufgabenstellungen resultieren aus der Analyse von Zielabweichungen oder sind das Ergebnis einer Analyse zur Vorbereitung auf die Nutzung weiterer Chancen. Der direkte Bezug zum Corporate Development sowohl der Unternehmensbereiche als auch der Gesamtunternehmung erlaubt daher keine (Ver-) Änderung von Aufgabenstellungen, ohne daß diese Beziehungsstrukturen erhalten oder neu festgelegt werden.

---

1) Vgl. KREIKEBAUM 1981, S. 120.

II. Mögliche Veränderungen des Matrixmodells aufgrund nachlassender Regelungseffizienzen

Für jede Unternehmung ergibt sich die Notwendigkeit, nach Möglichkeiten der (zusätzlichen) Absicherung oder Verbesserung des Corporate Development zu suchen, unabhängig davon, welchem Organisationsmodell die jeweilige Unternehmensorganisation entspricht. Gegenstand dieser Arbeit ist, den Nachweis zu führen, daß für eine Unternehmung in Matrixorganisation die Lösung in der Einrichtung eines Zentralbereiches Unternehmensentwicklung liegen kann. Wenn die Unternehmensanalyse zeigt, daß die Matrixorganisation ihren strukturorganisatorischen Beitrag zum erforderlichen, strategischen Handlungsspielraum erbracht hat und auch weiterhin zu erbringen vermag, kann der Zentralbereich Unternehmensentwicklung grundsätzlich die Geltungsdauer der konkreten Unternehmensorganisation zusätzlich verlängern.

Die konkrete Matrixorganisation einer Unternehmung ist der Ausdruck eines bestimmten Gesamtsystems organisatorischer Regelungen, von dem die Unternehmensleitung erwartet, daß es die Realisierung der strategischen Planung sichert. Das schließt nicht aus, daß einzelne Regelungen sich dem Ende ihrer natürlichen Geltungsdauer nähern oder externe Einflüsse ihre Geltungsdauer vorzeitig beenden. Die Regelungseffizienz baut sich kontinuierlich oder diskontinuierlich ab.[1] Sie kann aber durch geeignete Maßnahmen wieder erhöht und damit die Geltungsdauer verlängert werden. Die Einrichtung eines Zentralbereiches Unternehmensentwicklung kann eine solche Lösung sein, nachlassende Regelungseffizienzen wieder zu steigern und damit zur Konstanz einer Regelung oder eines Gesamtsystems organisatorischer Regelungen beizutragen.

Maßnahmen zur Verlängerung der Geltungsdauer einer Regelung oder die Substitution einer Regelung durch eine neue Regelung ent-

1) Vgl. KREIKEBAUM 1975, S. 76-78.

sprechen dem Konzept der Lebenszykluskurve und sind daher ganz normal. Der Inhalt der strategischen Planung einer Unternehmung kann sich jedoch über die Zeit ändern.

Damit kann der Zeitpunkt kommen, daß keine Möglichkeit mehr besteht, dem Ausmaß an inhaltlicher Veränderung durch einzelne Regelungssubstitutionen zu folgen, so daß eine Substitution des Gesamtsystems organisatorischer Regelungen erforderlich werden kann. Das bedeutet, daß von einer Matrixorganisation zu einer anderen Ausprägung des mehrdimensionalen Strukturmodells übergegangen werden müßte oder gegebenenfalls sogar zu einer bestimmten Ausprägung des eindimensionalen Organisationsmodells.

Der Tendenz zur Überschreitung der Höchstdauer einer Regelung[1] entsprechend könnte eine Unternehmung verleitet sein, zu gegebener Zeit die Aufgabenstellungen des Zentralbereiches Unternehmensentwicklung drastisch zu erweitern in der allerdings irrigen Annahme, eine insgesamt nachlassende Regelungseffizienz der Matrixorganisation dadurch wieder zu verbessern und ihre Geltungsdauer erneut zu verlängern. Diese Sorge sollte dann nicht bestehen, wenn sich alle Systemmitglieder zu jeder Zeit darüber bewußt sind, daß der Zentralbereich Unternehmensentwicklung sowohl von den Aufgabenstellungen als auch von den Arbeitsprinzipien her ausdrücklich Bestandteil des Gesamtsystems der gültigen organisatorischen Regelungen ist. Wenn sich die Geltungsdauer dieses Gesamtsystems kontinuierlich oder diskontinuierlich ihrem Ende nähert, muß auch der Zentralbereich Unternehmensentwicklung in Inhalt, Wirkungsweise und strukturorganisatorischer Lösung überprüft werden. Wie die Absicherung und Verbesserung des Corporate Development vergleichsweise in einer Unternehmung mit totaldivisionaler Strukturorganisation gelöst werden könnte, ist eine offene Frage, deren Beantwortung eine detaillierte Untersuchung wert sein sollte.

---

1) Vgl. KREIKEBAUM 1975, S. 74

E. Alternative zwischen einem eigenständigen Zentralbereich Unternehmensentwicklung und der Integration seiner Inhalte mit einem bestehenden Zentralbereich[1)]

Es kann sein, daß eine Unternehmung noch zögert, einen eigenen Zentralbereich Unternehmensentwicklung einzurichten. Eine andere Unternehmung mag auf dem Standpunkt stehen, daß ein weiterer Zentralbereich die bisherige Ausgewogenheit zwischen den Unternehmens- und Zentralbereichen stören würde. Gleichwohl sind in beiden Fällen die Unternehmungen der Überzeugung, daß zukünftig bestimmte, für die Absicherung oder die Verbesserung des Corporate Development notwendige Aufgabeninhalte aufgrund der Unternehmensanalyse wahrgenommen werden müssen. Als Kompromiß könnte sich die Integration bestimmter Aufgabeninhalte mit einem bereits bestehenden Zentralbereich anbieten.

Zu den typischen Zentralbereichen in matrixorganisierten Unternehmungen zählen die Bereiche kaufmännische Verwaltung, Finanzen, Controlling, Personalwesen und gegebenenfalls auch Materialwirtschaft. Vor allem im Zuge verstärkter Internationalisierung der Unternehmungen bekam das Finanzressort eine zunehmende Bedeutung, so daß vielfach das Finanzressort in den Rang eines Zentralbereiches genommen und die kaufmännische Verwaltung als Bestandteil dieses neuen Zentralbereiches mitgeführt wird. Seit Controlling ein Gegenstandsbereich von überragender Bedeutung geworden ist, richten viele Unternehmungen einen gesonderten Zentralbereich Controlling neben dem Zentralbereich Finanzen ein. Mit dem Zentralbereich Controlling wird in der Regel auch das Ressort kaufmännische Verwaltung zusammengelegt.

Der Zentralbereich Finanzen ist eine zu eigenständige Hauptfunktion und hat zudem innerhalb der Matrixorganisation eine so eindeutige "Wie"-Zuständigkeit, daß eine Übernahme von Aufgabeninhalten, wie sie einem eigenständigen Zentralbereich Unternehmensentwicklung entsprechen würden, nicht sachgerecht wäre.

---

1) Vgl. auch S. 106-109.

Die größere Affinität solcher Aufgabeninhalte würde dann schon zu dem Zentralbereich Controlling bestehen. Eine solche Integration würde aber nur bis zu einem bestimmten Umfang an Aufgabeninhalten möglich sein. Das gilt von den Qualifikationsmerkmalen her, die für die unternehmerische Verantwortung dieser Aufgabeninhalte zu erfüllen sind als auch im Hinblick auf bestimmte Widersprüchlichkeiten, wenn die Aufgabeninhalte auf Dauer unter dem Selbstverständnis des Controlling geführt würden. Eine andere Situation wäre gegeben, wenn ein schon bestehender Zentralbereich Controlling in Unternehmensentwicklung umbenannt würde und das Controlling eine der Hauptaufgaben dieses neuen umfassenden Zentralbereiches wäre. Auf Dauer bliebe jedoch die Frage, wie die erforderlichen Qualifikationsmerkmale erfüllt würden.

F. Qualifikationsmerkmale für den Leiter des Zentralbereiches Unternehmensentwicklung

Wie im Rahmen dieser Arbeit mehrfach angesprochen, können sich für die einzelnen Unternehmungen sehr unterschiedliche Aspekte von überragender Bedeutung für das weitere Corporate Development ergeben. Wenn sich diese Aspekte so zweifelsfrei auf Logistik und Qualitätsverbesserung konzentrieren, fallen die Anwort auf die dafür erforderlichen Qualifikationsmerkmale sowie die Suche nach dem geeigneten Leiter für einen neuen Vorstandsbereich Logistik oder Qualitätsverbesserung verhältnismäßig leicht. Neben dem heute üblichen Merkmalsspektrum für oberste Führungskräfte stehen fachliche und erfahrungsbezogene Kriterien im Vordergrund.

Anders sieht die Situation aus, wenn es um die Aufgabenstellung "Unternehmensentwicklung" geht und diese Aufgabenstellung je nach strategischer Ausgangssituation der Unternehmung heterogene Aufgabeninhalte umfaßt. Während sich für Aufgabenstellungen wie Logistik oder Qualitätsverbesserung eigentlich zwangsläufig ergibt, daß der Leiter unternehmensintern rekrutiert werden sollte, ist dies für einen heterogenen Aufgabenbereich wie "Unternehmensentwicklung" nicht zwingend.

Auch die Frage, ob es sich um einen Techniker oder um einen Kaufmann handeln sollte, ist generell nur schwer zu beantworten. Im Hinblick auf die fortgeschrittene Spezialisierung innerhalb technischer oder kaufmännischer Berufe ist diese Einteilung ohnehin nur noch sehr grob. Sicherlich hätte ein Techniker Vorteile, wenn einer der Aufgabeninhalte beispielsweise die zentrale Grundlagenforschung oder Werkstofftechnik betreffen würde. In der Regel sind die Mitarbeiter innerhalb dieser organisatorischen Einheit aber wiederum Spezialisten in Werkstoffragen oder Verfahrensprozessen, so daß sich der Techniker als Leiter ohnehin aus dem Detail heraushalten und sich vor allem auf das Management dieser Aufgabenstellungen konzentrieren müßte. Umgekehrt wird ein Kaufmann Vorteile dann ausspielen können, wenn sich Aufgabeninhalte auf die zentrale strategische Planung oder die Geschäftsführung der Konferenz für Vertriebskoordination mit Entscheidungszwang beziehen. Wenn es sich um Aufgabenstellungen handelt, für die ein Initiativmanagement verlangt wird, können ein Techniker oder ein Kaufmann geeignet sein. Hier geht es im wesentlichen um Fähigkeiten in der Analyse und der Strukturierung eines Gegenstandsbereiches sowie um die Findung eines Lösungsansatzes und die Veranlassung geeigneter Maßnahmen. In diesem Fall wie auch für die Geschäftsführung von Konferenzen ist zudem eine außerordentliche Fähigkeit zur Integration wesentliche Voraussetzung.

Zusammenfassend kann gesagt werden, daß für die Leitung eines Zentralbereiches Unternehmensentwicklung in erster Linie der Typ des Managers erforderlich ist, der in seiner konkreten Ausprägung jedoch bisher wenig Vorbilder hat.[1] Es sollte Linienerfahrung gegeben sein. Praktizierte Ergebnisverantwortung dürfte zudem die Zusammenarbeit mit den Leitern der Unternehmensbereiche erleichtern.

Angesichts der teilweise schon überhastet anmutenden Berufungen von Vorstandsmitgliedern oder Geschäftsführern für Unternehmens-

---

1) Vgl. auch NOETZEL 1984

entwicklung stellt sich die Frage, ob dabei den obigen Ausführungen ausreichend Aufmerksamkeit zugekommen ist, unabhängig von den Aspekten, die Gegenstand dieser Arbeit sind.

G. Darstellung der perspektivisch weiterentwickelten Matrixorganisation einer konkreten Unternehmung

Wie ausgeführt, halten die grundsätzlichen Überlegungen dieser Arbeit auch Bezug zu einer konkreten Unternehmung der Maschinenbauindustrie. Mit der in Abbildung 12 dargestellten Strukturorganisation hat diese Unternehmung fast 10 Jahre gearbeitet. Die Konferenzen für Bauprogramme sowie für Investitionen bestehen seit 8 bzw. seit 7 Jahren.

Zur Zeit erfolgt eine strukturorganisatorische Nachbesserung in der Weise, daß der Unternehmensbereich Fertigung bis auf bestimmte Vorfertigungen divisionalisiert wird. Die Zuordnung der (Serien-) Fertigung zu den Unternehmensbereichen war beim Übergang von der funktionalen auf die Matrixorganisation zunächst zurückgestellt worden.[1] Auch die Einrichtung einer Konferenz für Vertriebskoordination im Rahmen einer Neuausrichtung der Auslandsorganisationen wird erwogen.

---

1) Vgl. S. 38 und 64-66.

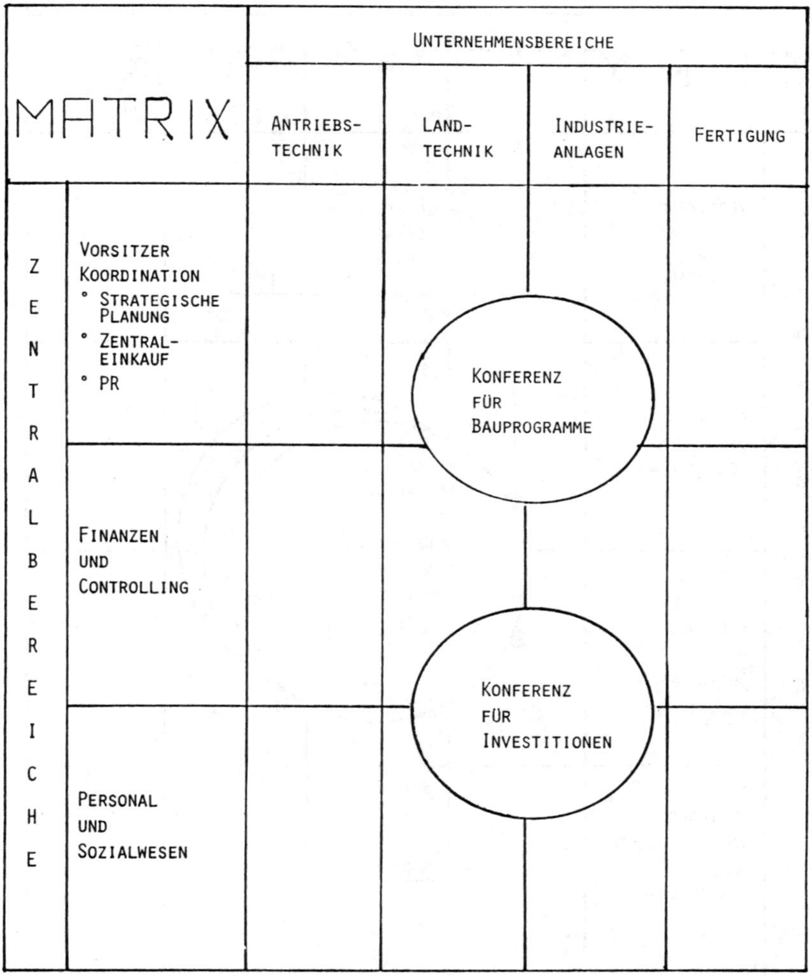

ABB. 12: AKTUELLE MATRIX-ORGANISATION EINER UNTERNEHMUNG DER MASCHINENBAUINDUSTRIE

Die Unternehmensorganisation der konkreten Unternehmung von morgen (strukturorganisatorische Korrekturen) und von übermorgen (Überlegungen dieser Arbeit) könnte sich entsprechend Abbildung 13 ergeben:

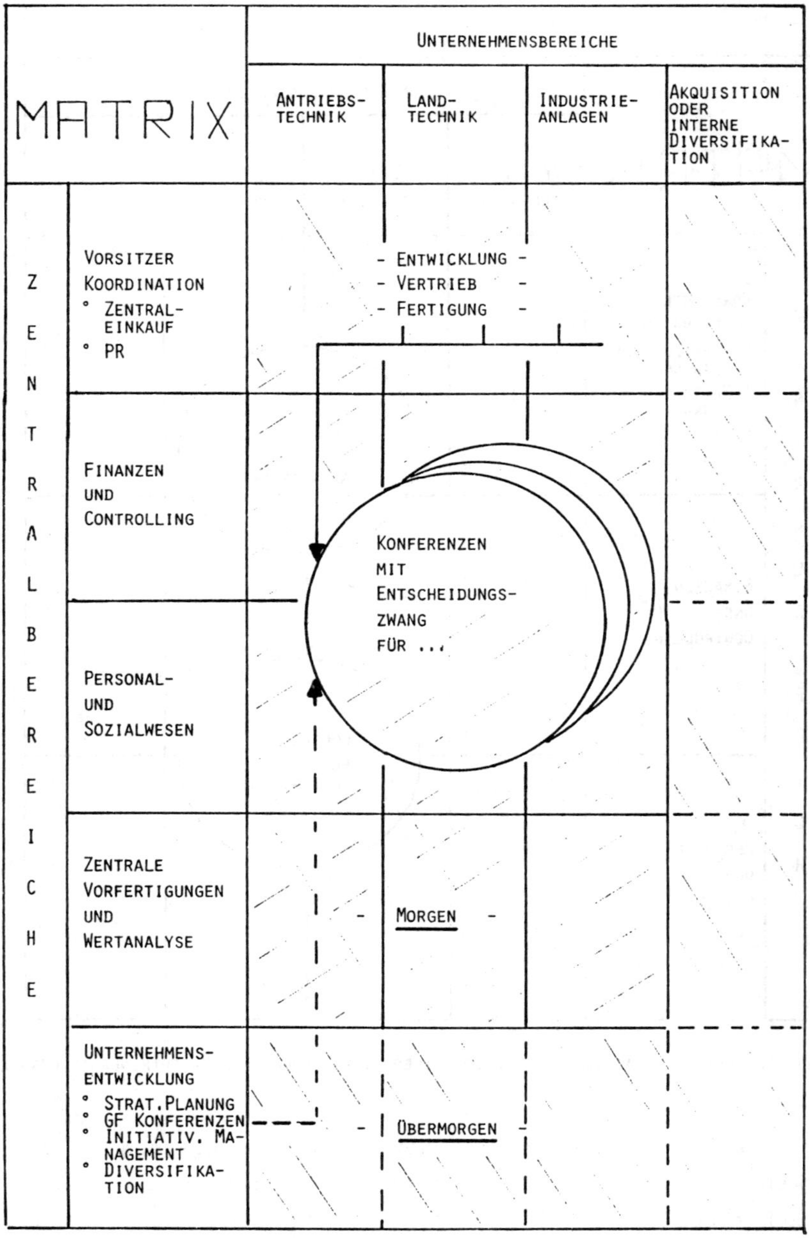

ABB. 13: WEITERENTWICKELTE MATRIX-ORGANISATION EINER UNTERNEHMUNG DER MASCHINENBAUINDUSTRIE

Selbstverständlich soll mit den in der Abbildung 13 dargestellten Strukturen nicht der Anspruch erhoben werden, daß nur diese Entwicklung(en) in Betracht kommt(en). Für den zuständigen Vorstand der Unternehmung können andere Gesichtspunkte eine Rolle spielen. Zwei Aspekte sprechen jedoch für eine gewisse Wahrscheinlichkeit. Auf der Basis der bisherigen Matrixorganisation konnten der Exportanteil sowie der Umsatz der Gesamtunternehmung innerhalb der letzten 8-10 Jahre nahezu verdoppelt werden und zwar in Industrien, deren Lebenskurven sich überwiegend in der Phase der Reife befinden. Die Wettbewerbspositionen konnten international weitgehend konsolidiert werden. Ein Wechsel der Unternehmensorganisation etwa zur totalen Divisionalisierung hin dürfte ausscheiden. Mengendegressionen sind nicht mehr zu erwarten. Stattdessen wäre über ein strategisches Management der Synergienutzung auf eine Verbesserung der internen Wertschöpfung Wert zu legen. Auf diese Weise wären auch die Mittel zur Verfügung zu stellen, die den Aufbau eines neuen Unternehmensbereiches erlauben - durch Akquisition oder interne Diversifikation - mit dem für die Zukunft auch wieder in Industrien mit jüngerer Lebenskurve gegangen werden könnte.

Für beide Aspekte, nämlich die gezielte Synergienutzung sowie den Aufbau eines neuen Geschäfts- bzw. Unternehmensbereiches, ergeben sich herausragende strategische Managementaufgaben. Die Einrichtung eines Zentralbereiches Unternehmensentwicklung in unternehmensindividueller Ausgestaltung sollte dabei eine geeignete Hilfestellung geben können.

ZUSAMMENFASSUNG UND AUSBLICK

Jede Unternehmung strebt eine größtmögliche Übereinstimmung zwischen ihrer strategischen Planung und der Entwicklung der Unternehmung, zwischen der Corporate Strategy und dem Corporate Development an. Aufgrund veränderter Kontextbedingungen und Austauschbeziehungen haben die Schwierigkeiten zugenommen, diese Übereinstimmung dauerhaft abgesichert zu erreichen. Die Unternehmungen suchen nach neuen Wegen. Die Einrichtung eines Zentralbereiches Unternehmensentwicklung kann ein solcher neuer Weg sein, wie mit dieser Arbeit aufgezeigt werden sollte.

Das Anliegen dieser Arbeit geht aber darüber hinaus. Es soll sozusagen eine Warnung gegeben werden, wann und warum im konkreten Fall ein Zentralbereich Unternehmensentwicklung noch keine Lösung ist. Gleichzeitig soll sich die Empfehlung ableiten, wann dagegen der Schritt in Richtung eines solchen Zentralbereiches getan werden kann oder auch getan werden sollte. Schließlich geht es um Hinweise, welche Voraussetzungen dabei aber zu beachten sind.

Mit einem Zentralbereich Unternehmensentwicklung kann und darf nicht versucht werden, Ziele zu erreichen, für die erst noch andere Maßnahmen und Schritte erforderlich oder auch angemessener sind. So können strukturorganisatorische Korrekturen bereits Abhilfe verschaffen, vorausgesetzt, daß sie über die Suche nach den Ursachen von Abweichungen als Lösung identifiziert werden. Eine Unternehmung, die das umfassende System strategischer Unternehmensplanung noch nicht ausgeschöpft hat, wird mit einem Zentralbereich Unternehmensentwicklung dann in der Regel auch nicht die Ziele erreichen und darüber hinaus eine zusätzliche Destabilisierung der Gesamtunternehmung bewirken. Ein Zentralbereich Unternehmensentwicklung kann keine geräuschlose Kupplung zwischen versäumter Gegenwart und wünschenswerter Zukunft sein.

Die Empfehlung, einen solchen Zentralbereich einzurichten, kann dagegen allen Unternehmungen gegeben werden, die bereits erfolgreich sind und nach Möglichkeiten suchen, das Corporate Development zusätzlich abzusichern und/oder zusätzlich zu verbessern. Die Struktur des Unternehmensportfolios kann eine besondere Indikation sein, beispielsweise dann, wenn sich die überwiegenden Produkt-/Marktkombinationen in reifen oder alternden Industrien bewegen.

Wenn die Entscheidung für einen Zentralbereich Unternehmensentwicklung fällt, so sind dann aber wichtige Voraussetzungen zu erfüllen, damit das Gesamtsystem nicht destabilisiert wird und die Ziele selbst erreicht werden können. Die Aufgabeninhalte sind exakt zu bestimmen und mit den entsprechenden Arbeitsprinzipien in Übereinstimmung zu bringen. Zu diesem Komplex soll die Arbeit Hinweise geben.

Die Warnung, die Empfehlung und die Hinweise werden auf der Basis des Matrixmodells gegeben. Wenn nach dem neuen Weg gesucht wird, sollen Unternehmungen in Matrixorganisation erkennen, daß sie dafür besonders ideale Voraussetzungen bieten. Denn die typischen Strukturmerkmale würden aufgenommen, der organisatorische Überschuß genutzt oder neu geschaffen. Die Effizienz des Systems organisatorischer Regelungen wird bestätigt oder weiter erhöht und damit die Geltungsdauer der Unternehmensorganisation verlängert.

Ein Zentralbereich Unternehmensentwicklung kann und darf nicht für das Corporate Development insgesamt zuständig sein. Diese Verantwortung ist auf der Basis der konkreten Matrixorganisation den jeweiligen Systemmitgliedern insgesamt aufgetragen. Der Zentralbereich darf diese Verantwortungsstrukturen nicht entkoppeln. Abweichungen lassen darauf schließen, daß Potentiale an Bedrohungen (und Chancen) noch nicht ausreichend beherrscht werden. Ein Zentralbereich Unternehmensentwicklung ist also ein zusätzliches strategisches Management im Hinblick auf Bedrohungen und Chancen, das von allen Systemmitgliedern in seiner spezifizierten Ausprägung gewollt ist.

Die Potentiale an Bedrohungen und Chancen gelten für alle Wettbewerber gleich. Der Unterschied liegt in den Reaktionsmöglichkeiten und Handlungsspielräumen. Wenn ein Zentralbereich Unternehmensentwicklung dazu beiträgt, Handlungsspielraum zu schaffen, so ist ein solcher Zentralbereich damit ein zusätzliches Management zur Bewahrung und Verbesserung der Wettbewerbspositionen. Insoweit kann ein entsprechend mit Aufgabeninhalten definierter Zentralbereich auch als ein neuer, integraler Bestandteil eines Systems strategischer Unternehmensgesamtplanung in matrixorganisierten Unternehmungen gesehen werden.

Ein Zentralbereich Unternehmensentwicklung kann die konstruktive Lösung für ein Problem sein, vor dem alle Unternehmungen unter zunehmend erschwerten Kontextbedingungen und Austauschbeziehungen stehen. Im Grunde müssen zu einem Zeitpunkt, wenn Annahmen, Planungen und Maßnahmen verabschiedet werden sollen, diese teilweise schon wieder in Frage gestellt werden, denn mehr denn je "muß jeder Plan mit dem Außerplanmäßigen rechnen".[1) Diese Doppelaufgabe kann selten von den gleichen Systemmitgliedern befriedigend bewältigt werden. Der Zentralbereich kann die positiv-konstruktive Lösung dieses Zwiespaltes sein. Da dies gleichzeitig auf der Basis einer hohen Partizipation geschieht und Partizipation für die weitere Zukunft der Unternehmungen eine besondere Notwendigkeit darstellen wird, wirken alle Maßnahmen und Entscheidungen, die zu einer weiter abgesicherten Übereinstimmung von Corporate Strategy und Corporate Development führen, auch in Richtung einer verbesserten Unternehmenskultur und Unternehmensidentität.

Die Ausführungen dieser Arbeit erfolgen auf der Basis des Matrixmodells. Die Notwendigkeit, das Corporate Development in geeigneter Weise zusätzlich abzusichern oder zu verbessern, besteht

---

1) HINTERHUBER 1985.

für jede Unternehmung. Die Notwendigkeit ist sozusagen strukturneutral. Es wäre sicherlich wichtig und wertvoll zu untersuchen, wie in Unternehmungen in eindimensionaler Organisation vergleichsweise vorgegangen werden müßte. Möglicherweise könnte sich für solche Unternehmungen die Schlußfolgerung ergeben, in ein mehrdimensionales Strukturmodell insgesamt zu wechseln. Bisher mag man gezögert haben, diesen Schritt zu tun. Insoweit könnte diese Arbeit auch ein Beitrag zu einer Theorie der Unternehmensentwicklung sein, die nach Abhängigkeiten zwischen der Unternehmensentwicklung und strukturorganisatorischer Reaktion sucht.

Schließlich haben die Ausführungen gezeigt, daß für den Leiter eines Zentralbereiches Unternehmensentwicklung ein neuer Managertypus erforderlich ist. Insoweit geht auch eine Aufforderung an die Schwesterwissenschaften, sich dieser Notwendigkeit in geeigneter Weise anzunehmen.

Die Arbeit will nicht den Eindruck entstehen lassen, daß mit der Einrichtung eines Zentralbereiches Unternehmensentwicklung in matrixorganisierten Unternehmungen nun eine Dauerlösung im Hinblick auf ein abgesichertes Corporate Development geboten würde. Das Corporate Development unterliegt ständig neuen und neuartigen Anspannungen, sozusagen sprungdynamischen Situationen. Jede Unternehmung hat individuell abzuwägen, welche Vorteile sie mit einem solchen Zentralbereich erreichen kann. Das Ziel der Arbeit ist, Unternehmungen in Matrixorganisation zu einem Durchbruch zu verhelfen, wenn sie (noch) nach neuen Wegen suchen. Im Hinblick auf das Management zusätzlicher, insbesondere nicht zuverlässig zu erwartender Bedrohungen und Chancen soll im Verhältnis zum Wettbewerb ein relativer Vorteil an Handlungsspielraum erreicht werden.

LITERATURVERZEICHNIS

ANSOFF, H. IGOR, Managing Surprise and Discontinuity - Strategic Response to Weak Signals, in: zfbf, Jg. 28 (1976), S. 129-152.

ALBACH, HORST, Strategische Unternehmensplanung bei erhöhter Unsicherheit, in: ZfB, Jg. 48 (1978), S. 702-715.

BIRKER, KLAUS, Unternehmensplanung und Betriebsrat (I), in BdW, Nr. 14, 20.1.1983, S. 3.

BLEICHER, KNUT, Unternehmensentwicklung und organisatorische Gestaltung, UTB 749, Stuttgart-New York 1979.

BLEICHER, KNUT, Organisation - Formen und Modelle, Wiesbaden 1981.

BLEICHER, KNUT, Ohne Organisation bleibt Planung konzeptionslos, in: BdW Nr. 44, 3.3.1983, S. 3.

BLEICHER, KNUT, Strategische Unternehmensplanung - bei Beachtung von Fehlerquellen empfehlenswert, in: BdW, Nr. 67, 7.4.1983, S. 3.

BOSCH, GERHARD/KOHL, HERIBERT, Unternehmensplanung und Betriebsrat (II), in: BdW, Nr. 16, 24.1.1983, S. 3.

BOSTON CONSULTING GROUP, THE, Ausgehändigte Konferenznotizen zu: Konferenz über Unternehmensstrategie, Kronberg, 30.6. - 2.7.1982.

BUSSE, KARL LUDWIG, Entscheidungsfindung in kritischen Unternehmensphasen, in: Arthur D. Little International (Hrsg.): Management im Zeitalter der strategischen Führung, Wiesbaden 1985.

CHANDLER, ALFRED, D., Strategy and Structure, in: Chapters in the History of the American Industrial Enterprise, Cambridge/Mass. 1962

DOMSCH, MICHAEL/JOCHUM, EDUARD, Personal-Management in der industriellen Forschung und Entwicklung, Köln/Berlin 1984.

DORLOFF, FRANK-DIETER, Gewinnreserven im integrierten Materialmanagement, in: BdW, Nr. 232, 1.12.1983, S. 3-4.

DUCH, CHRISTIAN, Unternehmensführung/Strategisches Management zum Ausschöpfen von Human Ressourcen, in: Handelsblatt, Nr. 231, 1.12.1983, S. 24.

ELLINGER, THEODOR, Ablaufplanung, Stuttgart 1958.

FUCHS-WEGNER, GERTRUD/WELGE, MARTIN K., Kriterien für die Beurteilung und Auswahl von Organisationskonzepten, in: zfo, Jg. 43 (1974), S. 71-82.

GÄLWEILER, ALOYS, Unternehmensplanung-Grundlagen und Praxis, Frankfurt a.M./New York 1974.

GÄLWEILER, ALOYS, Und immer mehr Umsatz? Das Wachstum als unverstandenes Ziel, in: BdW, Nr. 35, 17.2.1984, S. 3.

HANKE, G.A., Stand und Entwicklung der Wertanalyse, in: VDI-Berichte, Nr. 430, 1981, S. 5-6.

HEINEN, EDMUND, Unternehmenskultur als Produktionsfaktor, in: Handelsblatt Nr. 169, 1985, S. 20.

HILL, WILHELM/FEHLBAUM, RAIMUND/ULRICH, PETER, Organisationslehre 2, UTB 365, Bern/Stuttgart 1974.

HINTERHUBER, H.H., Strategische Unternehmensführung, Berlin/New York 1977.

HINTERHUBER, H.H./HAMMER, R.M., Strategische Frühaufklärung in der Praxis, in: BdW, Nr. 117, 24.6.1985, S. 3.

HINTERHUBER, H.H., Moltke's Lehre für die Unternehmensstrategie, in: BdW, Nr. 229, 28.11.1985, S. 3.

HUCH, BURKHARD, Der Controller braucht die Planung, in: BdW, Nr. 59, 24.3.1983, S. 3.

KIRSCH, WERNER/HÖFNER, KLAUS, Wie strategisch planen deutsche Unternehmen? Eine Positionsbestimmung, in: BdW, Nr. 223, 18.11.1983, S. 4.

KIRSCH, WERNER/HÖFNER, KLAUS, Zahlt sich strategische Planung aus? Deutlich bessere Ergebnisse, in: BdW, Nr. 238, 9.12.1983, S. 3.

KRALJIC, PETER/ROEVER, MICHAEL, Das Kernkostenkonzept stärkt den Ertrag, in: BdW, Nr. 105, 1.6.1984, S. 3.

KRALJIC, PETER, Die strategische Reserve: Vom Einkauf zum Versorgungsmanagement, in: Handelsblatt, Nr. 203, 24.10.1984, S. 22.

KRAMPE, GERD/REINHARDT, WOLFGANG, Ein Radarsystem für das Umfeld des Unternehmens, in: BdW, Nr. 11, 17.1.1983, S. 3.

KREIKEBAUM, HARTMUT, Die Anpassung der Betriebsorganisation, Wiesbaden 1975.

KREIKEBAUM, HARTMUT/SUFFEL, WINFRIED, Empirische Analyse des Einführungsprozesses strategischer Planungssysteme bei 40 deutschen Industrieunternehmen mit Geschäftsbereichsorganisation, Seminar für Industriewirtschaft, Johann-Wolfgang-Goethe Universität, Frankfurt a.M. 1980.

KREIKEBAUM, HARTMUT, Strategische Unternehmensplanung, Stuttgart u.a. 1981.

LAUKAMM, THOMAS/STEINTHAL,NICHOLAS, Methoden der Strategieentwicklung und des Strategischen Managements, in: Arthur D. Little International (Hrsg.): Management im Zeitalter der Strategischen Führung, Wiesbaden 1985.

LAUKAMM, THOMAS/WALSH, JAN, Strategisches Management von Human Ressourcen; Die Aktivierung des geistigen Potentials des Unternehmens; Neue Geschäftsfelder auf der Grundlage verfügbarer Human Ressourcen, in: Arthur D. Little International (Hrsg.): Management im Zeitalter der Strategischen Führung, Wiesbaden 1985.

LAUKAMM, THOMAS/WALSH, JAN, Die Menschen sind die kritischen Erfolgsfaktoren, Sonderdruck aus: BdW, 22.10.1982.

LEISTER, ROLF-DIETER, Markt und Unternehmen in den 80er Jahren, in: VDI-Z., Nr. 6, 1981, S. 181-184.

LIEBE, BODO, Strategische Aspekte der Einführung neuer Produktionstechnologien, in: VDI-Z., Nr. 1/2, 1983, S. 5-8.

MAIER-ROTHE, CHRISTOPH, Wettbewerbsvorteile durch höhere Produktivität und Flexibilität, in: Arthur D. Little International (Hrsg.): Management im Zeitalter der Strategischen Führung, Wiesbaden 1985.

MANAGER MAGAZIN, Oktober 1985, S. 8-10.

MANN, RUDOLF, Die Praxis des strategischen Controllings, in: BdW, Nr. 122, 1.7.1985, S. 3.

MÜNZNER, HORST, Wettbewerbsposition durch Optimierung unternehmensspezifischer Logistikkonzepte verbessern, in: Handelsblatt, Nr. 185, 26.9.1985, S. 21.

NOETZEL, WILFRIED, R., Anforderungen an den Manager der neunziger Jahre, in: BdW, Nr. 178, 27.9.1984, S. 3.

OETINGER, BOLKO von, Wandlungen der Unternehmensstrategien in den 80er Jahren, Vortrag/Unterlage bei: Schmalenbach-Tagung, 13.5.1982, Düsseldorf.

PFEIFFER, W./SCHNEIDER, W./DÖGL, R., Verhaltensempfehlungen des Technologie-Portfolios, in: BdW, Nr. 120, 27.6.1985 S. 3.

SCHALLER, ULRICH, Ein Beitrag zur vorteilhaften Erzeugnisgliederung bei variantenreicher Serienfertigung im Maschinenbau, Diss. Aachen 1980.

SCHUBERT, G., CAE-Wirtschaftlichkeitsüberlegungen beim Einsatz von CAE-Systemen, in: ZwF, Jg. 79 (1984), S. 594-597.

SOMMERLATTE, TOM/DESCHAMPS, JEAN-PHILIPPE, Der Strategische Einsatz von Technologien, in: Arthur D. Little International (Hrsg.): Management im Zeitalter der strategischen Führung, Wiesbaden 1985.

SOMMERLATTE, TOM, Mehr Dampf im internationalen Wettbewerb, Deutsche Unternehmen müssen ihre Stärken nutzen und ausbauen, in: BdW, Nr. 21, 30.1.1986, S. 3.

STABENAU, HANSPETER, Logistiker brauchen Kompetenzen, in: Logistik-Heute, Jg. 5 (1984), S. 28-29.

STRENGER, HERMANN-J., Organisatorische Überlegungen zur Steuerung eines international orientierten Unternehmens, in: Christian Peter Henle (Hrsg.): Auf dem Weg in ein neues Zeitalter, Düsseldorf-Wien, 1985.

WILDEMANN, HORST, Mit neuen Techniken stärker im Wettbewerb, Strategie für die neue Wettbewerbsposition, in: BdW, Nr. 234, 5.12.1985, S. 3.

WIESELHUBER, NORBERT, Kritische Wachstumsschwellen in der Unternehmensentwicklung, in: RKW, Nr. 972, Wiesbaden 1985.

o. V. Leiter des Bereiches Unternehmensentwicklung in: FAZ, Nr. 198, 28.8.1982, V21.

o. V. Diplom-Kaufmann für den Funktionsbereich Regionalkoordination, in: FAZ, Nr. 36, 12.2.1983, V4.

o. V. Technologie-Management und Technologie-Transfer, in: FAZ, Nr. 95, 21.4.1984, V24.

o. V. Dipl.-Kfm./Dipl.-Ing. für Unternehmensentwicklung, in: FAZ, Nr. 249, 26.10.1985, V25.